2022年广西财经学院经济与贸易学院学科项目：
"一带一路"区域价值链推动中国-中南半岛经济走廊建设研究
（项目编号：2022ZDB02）

双循环新发展格局下推进
中国—中南半岛经济走廊建设研究

卢潇潇　著

西南财经大学出版社
Southwestern University of Finance & Economics Press

图书在版编目(CIP)数据

双循环新发展格局下推进中国—中南半岛经济走廊建设研究/卢
潇潇著.—成都:西南财经大学出版社,2023.7
ISBN 978-7-5504-5802-4

Ⅰ.①双… Ⅱ.①卢… Ⅲ.①国际合作—经济合作—研究—中
国、东南亚 Ⅳ.①F125.533

中国国家版本馆 CIP 数据核字(2023)第 095513 号

双循环新发展格局下推进中国—中南半岛经济走廊建设研究
SHUANGXUNHUAN XINFAZHAN GEJU XIA TUIJIN ZHONGGUO–ZHONGNAN BANDAO
JINGJI ZOULANG JIANSHE YANJIU

卢潇潇 著

责任编辑:刘佳庆
责任校对:植 苗
装帧设计:付 瑜
责任印制:朱曼丽

出版发行	西南财经大学出版社(四川省成都市光华村街55号)
网 址	http://cbs.swufe.edu.cn
电子邮件	bookcj@swufe.edu.cn
邮政编码	610074
电 话	028-87353785
照 排	四川胜翔数码印务设计有限公司
印 刷	成都市火炬印务有限公司
成品尺寸	170mm×240mm
印 张	11.5
字 数	292 千字
版 次	2023 年 7 月第 1 版
印 次	2023 年 7 月第 1 次印刷
书 号	ISBN 978-7-5504-5802-4
定 价	68.00 元

前言

作为"一带一路"倡议规划建设的六大经济走廊之一,中国—中南半岛经济走廊在原有通道的基础上,加强基础设施建设,推进商贸发展,依托重点城市和园区,促进国际产能合作,搭建起了走廊的基本框架,成效初现,具备了较好的发展基础。2018年8月,习近平总书记在推进"一带一路"建设工作5周年座谈会上明确指出,"推进共建'一带一路'向高质量发展转变,这是下一阶段推进共建'一带一路'工作的基本要求"。"一带一路"高质量发展征程的全面开启意味着中国—中南半岛经济走廊的建设必须百尺竿头、更进一步。在进入高质量发展阶段后,如何为中国—中南半岛经济走廊建设提供一个更有针对性的推进方案,切实贯彻"因廊施策"的建设方针,进一步推进其建设向高质量方向发展,具有重要的理论价值与现实意义。

鉴于此,本书基于对"中国—中南半岛经济走廊建设是否初具成效"以及"如何使中国—中南半岛经济走廊建设更具成效"这两个问题的思考,遵循"提出问题—理论分析—现实考察—论证检验—对策路径"的思路,利用文献分析、实地调研以及双重差分法(DID)、三重差分法(DDD)、指数测算等方法,围绕推进中国—中南半岛经济走廊建设展开全面研究。

第1章对经济走廊的演进脉络、中国—中南半岛的关系进行了梳理回顾,提出本书的研究问题。经济走廊首先侧重于基础设施"轴"的建设与完善以及区域间可达性的提升,随后"发展"和"经济"逐渐成为其核心内涵，并以其独有的优势成为区域合作的重要方式。在以往中国与中南半岛的经济合作中，大湄公河次区域合作、中国—东盟自由贸易区、泛北部湾经济合作、澜沧江—湄公河合作等虽然都在不同程度上促进了双边经济的发展，但这些合作机制近年来也渐显推动力不足的疲态。鉴于经济走廊对于区域合作的有效性的影响以及中国与中南半岛深化经济关系的需要，建设中国—中南半岛经济走廊就不失为一种新的选择。事实上，中国—中南半岛经济走廊的提出由来已久，前期建设也初具成效，但总体进程仍显缓慢。因此，在进入高质量发展的新阶段，切实贯彻"因廊施策"的建设方针，为中国—中南半岛经济走廊的建设寻找一个更有针对性的推进方案就显得尤为必要。

第2章侧重于分析经济走廊的固有属性与演化规律、中国—中南半岛经济走廊在"一带一路"倡议中的功能定位及自身特点，从理论上指出中国—中南半岛经济走廊建设的方向。经济走廊实质为以基础设施为载体，对沿线国家进行结构调整、产业培育、资源开发和生产力布局的跨地域经济。中国—中南半岛经济走廊在"一带一路"中有着独特的功能定位：从地理区位来看，它是连接"一带"和"一路"的关键区域，因此，进一步促进基础设施的互联互通是推进该走廊建设的第一要务；再从所处区域资源禀赋、沿线国家合作需求及国别潜力来看，中南半岛与中国共建新型跨国生产网络的条件最成熟，因此，在基础设施互联互通的基础上，沿线各国进一步扩大贸易规模，提升经贸合作层次和水平，构建跨国生产网络与差别化国际产能合作路径，打造"一带一路"国际产能合作示范区，是推进该走廊建设的核心任务。

第3章主要对中国—中南半岛经济走廊建设进行现实考察，为推进其建设寻找现实依据。回顾中国—中南半岛经济走廊的前期建设，其在基础设施互联互通、国际产能合作、政治互信与合作机制建设方面均初具成效，但也依旧存在一系列问题与挑战，如基础设施互联互通仍显滞后、国际产能合作较为缓慢、合作机制层次和政治互信程度均有待提升等。这就反映出：该走廊基础设施建设存在较大缺口，加强基础设施建设的需求显而易见；该走廊国际产能合作潜力尚未完全挖掘，具备进一步深化合作的潜力。因此，加强基础设施建设与深化国际产能合作就是推进中国—中南半岛经济走廊建设需要着重发力的关键。现实考察的结果也反映了中国在该区域具备明显的优势，因此，中国有必要也有能力在推进该走廊的建设过程中发挥更多积极的作用。

第4章重点对推进中国—中南半岛经济走廊建设进行论证检验，从实证上进一步证明推进中国—中南半岛经济走廊建设方向的可行性。一是论证与检验"加强基础设施建设的潜在需求与必要性"：从中国—中南半岛经济走廊沿线的区域发展规划和国家战略部署来看，该走廊存在加强基础设施建设的潜在需求；再分别运用世界银行的物流绩效指数、引入基础设施变量的贸易引力模型与边界效应模型论证检验走廊沿线国家基础设施建设与物流绩效、贸易往来的相关性，发现该走廊存在加强基础设施建设的必要性。二是运用"贸易互补性指数""加权产业内贸易指数""拉菲指数""贸易竞争力指数""出口相似性指数"对中国与中南半岛的产业互补性与竞争性进行测度，发现虽然中国与中南半岛国家部分产业贸易出现了竞争，但双方在绝大多数领域仍各具比较优势，贸易互补性强、贸易潜力大，该走廊具备深化国际产能合作的潜在需求。三是分别从贸易增加值、产业升级的视角对中国产业竞争力进行实证检验，发现近年来中国产业的显性比较优势和全球价值链位置均有所提升，特别是"一带一路"倡议还实质性地促进了中国的产业升级，中国具有推进中国—中南半岛经济走廊建设的优势，具备真正"因廊施策"的推动力。

第5章根据前文的理论分析、现实考察以及实证检验结果，提出推进中国—中南半岛经济走廊建设向高质量发展的路径，即"加强基础设施建设""深化国际产能合作""加强陆海统筹，推进陆海联动""构建高效合作机制"。在加强基础设施建设方面，首先在对接战略规划和技术标准的基础上，进一步规划与完善走廊基础设施建设布局与实施方案；其次，进一步加强与提升各类基础设施建设，打造现代化综合交通运输体系；最后是促进通关便利化。在深化国际产能合作方面，一是科学规划国际产能合作的领域，二是制定合理的国际产能合作策略，三是升级国际产能合作平台载体，四是构建中国—中南半岛新型区域价值链。在加强陆海统筹、推进陆海联动方面，一是要找准切入点，加强陆海统筹；二是要加强"支点"建设，实现陆海联动。在构建高效合作机制方面，一是统筹协调现有合作机制，二是建立新的合作机制。

本书从理论逻辑与实证检验的角度较为系统地研究了推进中国—中南半岛经济走廊建设的对策与路径，为经济走廊的"因廊施策"提供了重要的理论参考，对经济走廊在高质量阶段达到高质量的建设要求及"一带一路"倡议的后续布局具有一定的借鉴意义。

卢潇潇

2023 年 4 月

目录

1 导论 / 1

1.1 选题背景 / 1

1.2 研究目的与意义 / 2

  1.2.1 研究目的 / 2

  1.2.2 研究意义 / 3

1.3 国内外研究综述 / 5

  1.3.1 关于经济走廊的研究 / 5

  1.3.2 关于中国—中南半岛经济走廊的研究 / 8

  1.3.3 文献述评及研究方向 / 16

1.4 研究思路、内容与框架 / 19

1.5 研究方法与技术路线 / 22

  1.5.1 研究方法 / 22

  1.5.2 技术路线 / 23

1.6 创新与不足 / 24

2 相关概念与理论基础 / 27

  2.1 相关概念 / 27

    2.1.1 经济走廊 / 27

    2.1.2 "一带一路" 六大经济走廊 / 30

    2.1.3 中国—中南半岛经济走廊 / 32

  2.2 理论基础 / 36

    2.2.1 次区域合作理论 / 36

    2.2.2 经济增长相关理论 / 40

    2.2.3 国际产能合作相关理论 / 43

  2.3 理论框架及核心问题 / 48

3 中国—中南半岛经济走廊建设的现实考察 / 51

  3.1 中国—中南半岛经济走廊建设现状 / 52

    3.1.1 基础设施建设状况 / 52

    3.1.2 国际产能合作状况 / 64

    3.1.3 政治互信与合作机制建设状况 / 72

  3.2 中国—中南半岛经济走廊建设存在的问题与挑战 / 74

    3.2.1 基础设施连通仍显滞后 / 74

    3.2.2 国际产能合作较为缓慢 / 76

    3.2.3 合作机制层次和政治互信程度均有待提升 / 79

  3.3 推进中国—中南半岛经济走廊建设的启示 / 81

    3.3.1 基础设施建设和国际产能合作是推进中国—中南半岛
        经济走廊建设的潜力领域 / 82

    3.3.2 推进中国—中南半岛经济走廊建设需要中国发挥更多的
        积极作用 / 83

4 中国—中南半岛经济走廊建设分析 / 85

4.1 加强基础设施建设的潜在需求与必要性分析 / 86

4.1.1 基础设施建设潜在需求分析 / 86

4.1.2 基础设施建设必要性分析 / 90

4.2 深化国际产能合作的潜在需求分析 / 98

4.2.1 中国与中南半岛的贸易互补性 / 99

4.2.2 中国与中南半岛的贸易竞争性 / 105

4.3 中国推进中国—中南半岛经济走廊建设的优势分析 / 110

4.3.1 基于贸易增加值视角的中国产业竞争力检验 / 111

4.3.2 "一带一路"倡议之后中国产业升级能力检验 / 122

4.4 推进中国—中南半岛经济走廊建设的实证分析结果 / 129

4.4.1 加强基础设施建设潜在需求与必要性的分析结果 / 129

4.4.2 深化国际产能合作潜在需求的分析结果 / 130

4.4.3 中国推进中国—中南半岛经济走廊建设优势的

分析结果 / 130

5 中国—中南半岛经济走廊高质量发展建议 / 131

5.1 加强与提升中国—中南半岛经济走廊基础设施建设 / 131

5.1.1 进一步规划与完善基础设施建设布局与实施方案 / 132

5.1.2 打造现代化综合基础设施体系 / 134

5.1.3 促进通关便利化 / 139

5.2 深化中国—中南半岛经济走廊国际产能合作 / 140

5.2.1 科学规划国际产能合作的领域 / 140

5.2.2 制定合理的国际产能合作策略 / 143

5.2.3 升级国际产能合作的平台载体 / 144

5.2.4 构建中国—中南半岛新型区域价值链 / 145

5.3 加强陆海统筹，推进陆海联动 / 146

5.3.1 找准切入点，加强陆海统筹 / 147

5.3.2 加强"支点"建设，推进陆海联动 / 148

5.4 完善和建立高效的合作机制 / 149

5.4.1 统筹协调现有合作机制 / 150

5.4.2 建立新的合作机制 / 151

6 研究结论与展望 / 156

6.1 研究结论 / 156

6.2 研究展望 / 160

参考文献 / 161

1 导论

1.1 选题背景

2015 年 3 月 28 日，国家发展改革委、外交部、商务部三部门联合发布了《推动共建丝绸之路经济带和 21 世纪海上丝绸之路的愿景与行动》（以下简称《愿景与行动》），该文件明确指出"根据'一带一路'的走向，陆上依托国际大通道，以沿线中心城市为支撑，以重点经贸产业园区为合作平台，共同打造新亚欧大陆桥、中蒙俄、中国—中亚—西亚、中国—中南半岛等国际经济合作走廊"，使其成为"一带一路"倡议落地实施的依托、分区施策的先导、系统建设的切入点及全面推进的支撑。作为"一带一路"倡议规划的六大经济走廊之一，中国—中南半岛经济走廊是"一带一路"倡议的重要组成部分以及"一带一路"建设的重要任务，这一点不言而喻，但就其所处地理区位及自身禀赋而言，中国—中南半岛经济走廊对于"一带一路"又有着独特且重要的意义。一方面，中国—中南半岛经济走廊在加强基础设施建设、提升沿线国家连通能力、推进国际产能合作进程中，南向会在新加坡与"21 世纪海上丝绸之路"形成衔接，北向会以中国广西、云南为起点经西南地区、珠三角地区与"丝绸之路经济带"相连，使其成为连接"一带"与"一路"的纽带桥梁，成为"一带一路"建设的脊骨支撑；另一方面，中国—中南半岛经济走廊沿线国家（除老挝外）均为滨海半岛之国，该走廊不仅包括陆上 11 个主要节点城市，还涵盖了"21 世纪海上丝绸之路"东盟地区的重要节点港口，主要节点城市几乎都与重要港口相连，串联"廊"和"港"、实现陆海联动的潜力优势显而易见。这样的地域特征意味着中国—中南半岛经济走廊的建设既有陆的合作，又有海的联动，不仅能在海陆并举、陆海统筹中连接"一带"和"一路"，还有助于与"一带一路"的重要节点城市、港口的发展形成相互支撑，在"路""带"联结的基础上更好地推进"一带一路"建设。随着"一带一路"倡议的实施，中国—中南半岛经济走廊在原有通道的基础上，加强基础设施建设，推进商贸发展，依托重点城市和园区，促进国际产能合作，搭建起了走廊的基本框架，成效初现，具备较好的发展基础。

2018 年 8 月，习近平总书记在推进"一带一路"建设工作 5 周年座谈会上明确指出，"推进共建'一带一路'向高质量发展转变，这是下一阶段推进共建'一带一路'工作的基本要求"。自此，"一带一路"建设从总体布局的"大写意"阶段转向精雕细琢的"工笔画"阶段。"一带一路"高质量发展征程的全面开启意味着六大经济走廊的建设必须百尺竿头更进一步，对于中国—中南半岛经济走廊而言，就是要在前期夯基垒台、立柱架梁的基础上，全面迈向落地生根、持久发展的新阶段。正是在这样的背景下，本书以推进中国—中南半岛经济走廊研究为题，试图在总结经济走廊演变规律的基础上，考察中国—中南半岛经济走廊的建设现状、发展潜力，探索如何结合深化国际产能合作发展方向与陆海联动的发展特征，切实贯彻"因廊施策"的建设方针，进一步推进其建设向高质量方向发展。

1.2 研究目的与意义

1.2.1 研究目的

中国—中南半岛经济走廊之于"一带一路"倡议的重要性不言而喻，对于深化中国—东盟合作也有十分重要的意义。因此，中国—中南半岛经济走廊自提出以来，就引起学界的关注，学者们从不同角度进行了大量的探索，但从现有文献看，仍缺乏系统的推进研究，特别是随着"一带一路"进入高质量建设阶段，对于如何根据中国—中南半岛经济走廊建设走向与特征推进其建设向高质量方向发展，更是缺乏系统性的分析论证。鉴于此，本书试图以经济学视角为主要切入点，重点研究在新的发展背景下如何推进中国—中南半岛经济走廊建设的问题。为此，本研究的目标拟定为：在总结经济走廊固有属性与演化规律的基础上，详细地考察、分析并论证中国—中南半岛经济走廊的建设状况、存在问题以及发展潜力，再根据中国—中南半岛经济走廊建设走向及其发展特征，"因廊施策"，提出推进该走廊建设进一步发展的对策建议，使其在高质量发展阶段达到高质量的建设要求，最终实现中国—中南半岛经济走廊建设向高质量发展迈进。

1.2.2 研究意义

1.2.2.1 理论意义

2018 年，在"一带一路"倡议提出五周年之际，正值中国高质量发展开启的重要元年。"一带一路"高质量发展征程的全面开启意味着六大经济走廊的建设必须百尺竿头更进一步，对于中国—中南半岛经济走廊而言，就是要在前期夯基垒台、立柱架梁的基础上，全面向落地生根、持久发展的新阶段迈进，从而实现更卓有成效的发展。纵观既有文献，多数研究还停留在基础性分析和宏观解读层面，"因廊施策"的针对性研究很少，对于一个项目而言，前期的基础性分析和宏观解读固然是保证初步效果的必要前提，但随着各项规划的实施，问题会逐一显现，宏观层面的理解会渐渐缺乏足够的解释力，此时就需要结合现实情况与自身特点针对性地论证分析。

鉴于此，本书基于基础性分析与宏观解读成果，试图从更具针对性的视角去探寻进一步推进中国—中南半岛经济走廊建设的有效路径。具体而言就是，在梳理中国—中南半岛经济走廊的内涵、进展、挑战等内容的基础上，系统分析中国—中南半岛经济走廊的定位与特点，更有针对性地分析中国与中南半岛国家如何进一步进行地缘整合以谋求持续经济互利，以推进中国—中南半岛经济走廊的建设，做到真正意义上的"因廊施策"。因此，本书的理论意义就体现在：其一，从国际经济合作、国际关系的视角切入，通过结合城市地理、城市规划等专业学科知识，梳理经济走廊产生与发展脉络，对经济走廊的溯源、形成以及功能演化等进行学理分析，以此为基础，进一步对中国—中南半岛经济走廊的功能定位、自身特点、所处区域现实情况及沿线国家潜能进行论证分析，为推进中国—中南半岛经济走廊建设提供理论依据；其二，以中国—中南半岛经济走廊为具体研究对象，探寻其主要进展、问题挑战，研究成果对经济走廊理论也是一个有益的补充；其三，中国—中南半岛经济走廊作为一个较为成熟案例，其综合研究或许也可以为"一带一路"六大经济走廊的后续研究提供有价值的参考。总之，中国与中南半岛国家更有针对性地探寻如何通过彼此持续经济互利的方式为推进中国—中南半岛经济走廊建设提供恒久推动力，丰富了经济走廊、"一带一路"倡议六大经济走廊相关的研究，具有较为可观的理论价值。

1.2.2.2　现实意义

中国的西南地区与中南半岛构成了一个地理整体，中国的云南、广西与中南半岛的老挝、缅甸和越南直接接壤，与中南半岛所有国家均可通过水陆跨境通道相互连通，中南半岛是中国西南地区打通南太平洋和印度洋出海口的必经之地。因此，对于中国而言，充分利用地缘优势，加强与中南半岛合作，不仅可以构筑我国全方位的对外发展格局，而且也是塑造我国稳定周边局势的重要之策，更有利于在实现双边互联互通、经济共同发展的基础上促进"一带一路"倡议向高质量发展转变，从而推动中国—东盟更为紧密的命运共同体的构建与形成。也因此，能否顺利实现推进中国—中南半岛经济走廊向高质量发展的目标不仅关系着我国西南地区能否实现跨越式发展，也关系着我国战略通道、能源通道的安全，还关系着"一带一路"倡议能否实现向高质量发展转变，更关系着中国—东盟更为紧密命运共同体的构建。因此，全面和系统地研究如何推进中国—中南半岛经济走廊的建设就具有非常重要的现实意义，不仅有利于充分发挥走廊建设的经济溢出效应，进一步促进中国与中南半岛国家的经济发展，而且还会对中国—东盟的经济合作起示范引领作用，同时也为"一带一路"其他经济走廊的建设提供决策依据。

1.3　国内外研究综述

1.3.1　关于经济走廊的研究

1.3.1.1　关于经济走廊演进脉络的研究

随着《威斯特伐利亚和约》的签署，国家领土主权开始受到保护，国家边界空间形态的演化也因此受到限制，但人类本质上具有不断拓展行为空间的需求，当他们生活的领土空间价值达到阈值后，必然向外拓展，经济走廊就是在人类不断满足其本质需求的过程中孕育发展起来的。

早在 1882 年，Mata 就提出了"根据高效的交通设施来调整城市结构"的建议，"带形城市模型"就是走廊的雏形。Taylor（1949）用"走廊"来描述一条沿着 Adige 河、由几个城镇和村庄组成的廊道[1]。Whebell（1969）则将"走廊"界定为"通过交通媒介将城市区域联系起来的线状系统"，并强调走廊的形成具有强烈的路径依赖性，即"交通基础设施是走廊形成的基础"[2]。欧盟委员会于 1992 年通过了"跨欧洲运输网络计划"，又于 1996 年提出"欧洲走廊"，并将其定义为"由跨界公路、铁路、内河航运、通信等基础设施构成的轴线"。可见，早期走廊的功能主要是为毗邻地区之间的往来提供便利，侧重于基础设施"轴"的建设与完善以及区域之间可达性的提升。

面对全球化时代的区域竞争，交通走廊被赋予了新的内涵与使命，也就是要在提高国家竞争力及平衡发展方面发挥作用。欧盟委员会（1992）在《欧洲核心城市和区域发展图景研究报告》中指出，一个城市是否具有竞争力在很大程度上取决于它是否位于交通走廊或交通走廊沿线地区，换而言之，位于或邻近高等级交通走廊的城市更具发展机会。从这个意义上说，走廊不再限于基础设施形态及物理联通性能，还具备了促进发展的功能（Priemus & Zonneveld，2003[3]；Chapman et al.，2003[4]）。1992 年的《马斯赫里克特条约》提出"欧洲网络"计划，该计划的核心关注点在于货物、资金、人员等要素的自由流动，与此同时，该计划还希望通过建立种类各异的跨欧洲基础设施网络，将之前边缘地区纳入原有走廊或建立新的走廊，改变核心区与边缘区之间的极化发展方式，实现多中心平衡发展，使欧洲各国在无边界的欧洲获得最大收益（Andersen & Eliassen，1994[5]），这就意味着，交通走廊肩负起重塑地区空间结构并协调所跨越城镇发展的重任。1999年，欧盟委员会发布了《欧洲空间发展战略》，明确指出"基础设施是走廊的重要特征，发展是走廊的核心元素"，走廊正式被推向了新的发展高度。

随着发展走廊的提出，走廊的流通、信息、金融、科技、服务等经营服务功能不断凸显，原本单纯运输集散的功能逐步降低，走廊更多地表现出了综合化、协作化、高级化的特征，逐渐形成带状空间经济组织系统的形态，即所谓的"经济走廊"。从经济理论角度来看，松巴特的"生长轴理论"、佩鲁的"增长极理论"、陆大道的"点—轴系统理论"均表明，以交通线为主轴将逐渐形成一条连续的发展轴或产业带，也即物理可达性的提高会加速生产要素的集聚与扩散，所形成的"轴向汇集效应"使得区位条件好的地区成长为交通沿线的经济中心，当扩散效应成为主导时，经济带便形成并发展起来了。依托于不断增强的交通运输系统，走廊既可以获取大量的原材料、生产部件等生产要素，也可以获得更多的金融、技术、信息等关键要素，以及进入其他区域市场或全球市场的机会。Cater（1983）、Linneker 和 Spence（1992）等学者通过对不同地区的实证研究也发现，交通通达性对区域经济起到明显的刺激作用，交通走廊是产业区位优化、区域分工协作递进演化的重要驱动力。如此一来，走廊就逐渐超越了传统意义上的运输节点的连接，经济逐步成为其核心内涵[6][7]。

由上述分析不难发现，走廊、交通走廊、发展走廊、经济走廊之间存在着逻辑递进关系：交通走廊以交通基础设施为核心要素，服务于地区间连通性的提升，是经济走廊的重要基础和载体；交通走廊带动了要素的自由流动，区域联系日益紧密，要素也得以在区域内集聚，如此就形成了类型各异的区域发展轴，如能源走廊、产业走廊、科技走廊、贸易走廊等，这些统称为经济走廊。换而言之，交通基础设施的建成与完善提升了区域间的通达度，进而促进区域间的经济联系，这种密切的联系引导区域能源集聚、产业集群、技术流动和贸易往来，促进能源走廊、产业走廊、技术走廊、贸易走廊等的发展，最终形成经济走廊。总之，经济走廊是各类发展走廊综合作用的结果，同时也是政府区域政策或战略的体现，它的形成进一步促进了区域合作，如图1-1所示。

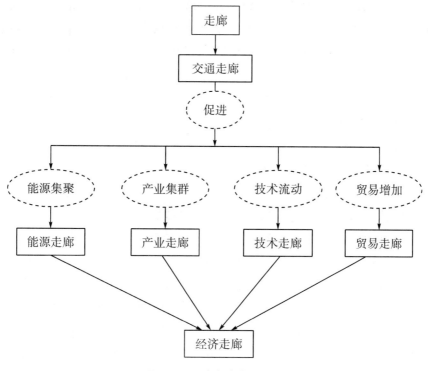

图 1-1　经济走廊发展脉络

1.3.1.2　关于经济走廊建设的研究

对于经济走廊的建设，欧洲起步较早，经验较为丰富，加上欧洲的经济走廊基本位于经济较发达的地区且拥有近似的文化，所以欧洲经济走廊发展较为成熟。例如，莱茵河沿线建立了以港口城市为"点"，以公路、铁路、内河航运等为"轴"的交通基础设施运输网络，连接了鲁尔、莱茵—美茵、路德维希—曼海姆—海德堡等工业区，工业区相关产业在点上集聚，沿轴线和网络扩散，布局了结构合理、具备一定规模的流域产业带，在交通、产业的密切联系及政府的政策指导下，形成了支撑欧洲复兴的莱茵河经济走廊。在经济走廊建设的模型构建方面，以 Etzkowitz 和 Leydesdorff（2000）提出的"三螺旋模型"最为经典，该模型从地理、经济和知识三个维度，主张政府、企业和大学要相互合作，共同促进经济走廊发展，这一研究思路和方法具有很大的启发性[8]；Martini 等（2012）则参照"三螺旋模型"的思路，分别对政府、产业、大学这三个创新主体的功能进行了详细的解析，并提出运用"三螺旋经济走廊发展模型"建成知识型经济走廊，其研究成果成为以知识枢纽发展经济走廊的一个基础模型[9]；Regmi 和 Hanaoka（2012）建立了"运输成本—时间—距离"模型，认为"在跨境经济走廊的发展过程中，各种问题的解决需要统一的政策支持"[10]；Zeng 等（2001）从空间和经济维度研究了高速公路经济带的形成与演化，认为经济走廊的形成与演化遵循交通经济带的共同规律，因而要构建多标准的基础设施规划系统[11]。

亚洲地区的经济走廊最早源于 1989 年 12 月时任新加坡副总理吴作栋提议建立的"新柔廖增长三角"，受这一增长三角初步成功的鼓舞，"东盟北增长三角""东盟东增长三角"被相继提出，这些均为经济走廊在亚洲的早期实践。随着经济合作的不断深化，"增长三角"不再局限于三个国家或地理形状呈现三角形区域之间合作，"次区域经济合作"的概念应运而生，并被界定为"升级版的增长三角"。1998 年，亚洲开发银行针对亚洲地区的次区域经济合作提出了更具体的实施路径，即"经济走廊"，这一新的合作理念随之成为亚洲深化次区域经济合作的重要载体。相比欧洲，亚洲经济走廊建设起步较晚，建设经验相对不足，加上国家发展水平不同、政治不稳定、区域合作机制繁复、各国利益与愿景存在差异等，亚洲经济走廊发展缓慢（Krongkaew，2004[12]）。鉴于此，学者们开始针对亚洲经济走廊建设进行了策略研究，例如：王谷成和黎鹏（2009）认为，增值性跨境协同机制、服务与需求导向机制是促进经济走廊功能持续演变的关键因素，与此同时，这些机制也是经济走廊发展可以采取的有效战略[13]；王磊等（2012）对跨境经济走廊形成演化的内在机制进行了梳理，并探讨了其发展规划措施[14]；对于以油气管道为核心的中缅经济走廊，赵洪和杨沐（2012）从能源安全角度提出了具有一定可行性的建设建议[15]；黄勤和林鑫（2015）在研究长江经济带协调发展时引入了耦合协调度模型，同时还构建了长江经济带建设的测度指标[16]。

1.3.2 关于中国—中南半岛经济走廊的研究

1.3.2.1 关于中国—中南半岛关系的研究

要对中国—中南半岛经济走廊进行研究，首先要对中国—中南半岛一直以来的关系特别是中国—中南半岛经济关系有所掌握，因为从本质上说，中国—中南半岛经济走廊建设即为中国—中南半岛经济关系的进一步升华，而由于中南半岛的地缘特殊性以及经济与政治的相伴相生性，为了更好地把握中国—中南半岛经济关系，就有必要对中国—中南半岛政治关系也有所了解。鉴于此，接下来本书将在回顾中国—中南半岛政治关系的基础上，重点梳理学界对中国—中南半岛经济关系的研究。

（1）关于中国—中南半岛政治关系的研究

关于中国与中南半岛的政治关系，很多学者首先从中国的视角进行分析。Johnston（2003）、阳茂庆等（2015）立足于中国与中南半岛几千年的历史渊源，认为双方具有很强的邦交关系[17][18]。进入 20 世纪 90 年代后，中国更是将中南半岛视为周边重要的战略次区域，并不断对其展开"魅力攻势"（Bert，2003[19]；Kurlantzick，2008[20]），旨在"树立友善的中国形象，与中南半岛国家建立更友好的关系"。李明江（2015）将中国的这种做法称为"软实力战略"[21]，中国与中南半岛的政治关系因此取得了实质性的突破。以 1998 年东南亚金融危机为例，中国在此次金融危机中的表现使得中南半岛国家开始相信中国的强大有利于该区域的稳定与繁荣（Glosny，2006[22]）。21 世纪以来，中国"和谐世界"的理念进一步促使中国与中南半岛摆脱了对立与对抗，走向了政治上的相互尊重（何龙群，2008[23]；Khan & Yu，2013[24]）。曹云华和徐善宝（2004）、Weissmann（2010）认为，中国所实施的更为睦邻友好的外交政策也使得中国在与中南半岛国家发展多边主义的实践中产生了良好的示范作用[25][26]。在王玉主（2010）看来，中国所构筑的经济相互依赖格局也极大地改善了中国与中南半岛的政治关系[27]。

也有学者基于中南半岛地缘重要性来探讨中国与中南半岛政治关系的发展。比如在何跃（2008）、李巍和罗仪馥（2019）看来，中南半岛"背陆挑洋"的独特地理位置使其成为中国西南建立国际大通道的重要支点，也是中国经略东南亚、亚太乃至全球的战略要地[28][29]；周娅（2013）认为中南半岛不仅有着优越的地缘联通性，而且作为东盟的半壁江山，中南半岛可以联动东南亚国家在东盟框架下对地缘政治、经济局势的发展变化握有重要的话语权[30]；梁茂林等（2017）更具体地从国别的视角分析了中南半岛国家对中国的战略意义，如缅甸是中国"21 世纪海上丝绸之路"进入印度洋的第一站且最为关键的一站，老挝是中国拓展地缘战略和实力的辐射中心，越南是中国东南沿海地区向西通往印度洋、非洲和欧洲的必经之地，泰国和柬埔寨是中国地缘政治、经济和文化实力辐射东南亚海岛国家的重要平台[31]。朱陆民和陈丽斌（2011）认为中南半岛是看护好中国西南边境安全的重要一环[32]。正因如此，中国致力于通过"硬实力""软实力"和"巧实力"，努力增进与中南半岛各国双边或多边互动，以打造中国与中南半岛更为密切的政治关系。

随着全球权力中心转移至亚太地区，美日印等大国出于自身国家战略和地缘政治利益的需要，在亚洲实施了各自的战略部署，而中南半岛凭借独特的战略区位成为影响全球地缘政治格局的关键一锚，加之在地理上与中国毗邻，中南半岛也就理所当然地被这些国家视为"印太（Indo-Pacific）"地缘战略弧上围堵中国的战略棋盘和棋子（林利民，2014[33]）。为了最大限度地维护自身利益，中南半岛各国与各大国形成微妙的关系——既与中国保持友好关系，部分国家又是美日印的盟友。泰国将对华政策发展为"周旋于美日印等大国之间的重要环节"（陈乔之等，2001[34]）：一方面，利用中国谋取与华盛顿的平等地位，又借助美国抑制中国南下；另一方面，鼓励日本增加对湄公河流域的关注与开发，又利用中国来遏制日本的政治野心；与此同时，还将印度引入湄公河次区域经济合作中来抗衡中国，又利用中国对抗来自印度的安全施压。新加坡一直奉行"多边卷入""多边支撑"的大国平衡战略，李光耀曾直言，"中国是本地区令人敬畏的玩家，不把其他东亚国家联合起来，该地区将失去平衡"，他还提醒美国"要积极参与亚洲事务以制衡中国"。越南深知"即便在最理想的状态下①，中国的军事力量仍然难以匹敌"，所以就将与中国的关系置于包括美国在内的多边框架之中，积极推进与美国的合作，从中寻求平衡。缅甸也游离其间，既向中国谋利，又借力平衡中国在缅甸的影响力，变得越发"左右逢源"。总之，美日印已经通过地缘竞争介入了中南半岛地区的事务，并基于美国"重返亚太"的背景再行协调相互间针对中国的政策，这就在很大程度上影响了中南半岛的对华政策，中国—中南半岛政治关系日趋复杂。

（2）关于中国—中南半岛经济关系的研究

冷战后，在经济全球化的推动下，中国西南地区开始较多地与中南半岛互动，出现了以双边互动为基础的次区域合作地带。在互动中，中国的

---

① "最理想的状态"为越南成为东盟成员而东盟成为越南的军事同盟。

改革开放给中南半岛带来了更多的经贸往来，也带动了中南半岛参与次区域经济合作的积极性，"大湄公河次区域经济合作""中国—东盟自由贸易区""泛北部湾经济合作""澜沧江—湄公河合作""中国—中南半岛经济走廊"等的提出与实践就是最好的例证。

亚洲开发银行倡议的大湄公河次区域经济合作于 1992 年正式启动，在吴志纯和唐敬年（1992）、谭果林和苏文江（1992）等学者看来，大湄公河次区域合作不仅是中国面向东南亚开放的一个突破口，也是密切中国与湄公河流域国家经济联系的创举[35][36]。贺圣达（2005）认为大湄公河次区域合作在很大程度上促进了中国与中南半岛的共同繁荣，是中国与中南半岛发展经济关系的重要平台[37]。卢光盛（2013）将大湄公河次区域合作视为中国与中南半岛之间前所未有的次区域经济合作形式，并认为它在很大程度上拓展与深化了双方的经济联系，有力地推进了该地区经济的发展[38]。王士录（2006）认为大湄公河次区域经济合作在中国与中南半岛关系的重构与调适中起到了一种"润滑剂"的作用，促进了彼此之间政治关系的良性互动，良好的政治互动又为经济社会的发展创造了有利的外部环境[39]。王敏正（2003）、卢光盛（2013）等指出，大湄公河次区域经济合作加大了中国与中南半岛的开放力度，并通过经济上的互动、连接、依赖形成了越来越强的共同利益与合作基础，增添了双方开展经济合作的信心，同时也使得中国与部分中南半岛国家的经济关系走向了"不对称相互依存①"[40][41]。

建设中国—东盟自由贸易区是中国与东盟合作迈向制度化安排的第一步，不仅有利于区域内国家间双边贸易与相互投资的增长，还促进了中国与东盟调整各自的产品结构、建立密切的产业内水平分工，形成生产的合理布局，从而在经济利益关系上逐渐成为一个整体，形成中国与东盟经济合作的新格局（张帆，2002[42]；江虹，2005[43]）。作为中国与中南半岛国家共同参与的经济一体化安排，中国—东盟自贸区的建设对于中国与中南半岛同样也是互利共赢的，这是因为根据地缘经济依存度和经济互补性强弱，中南半岛属于中国对外开放国际格局中条件较优的圈层，中国—东盟自贸区良好的示范与溢出效应就在很大程度上提升并夯实了中国与中南半

---

① 在中国与部分中南半岛国家的"不对称相互依存"经济关系中，中南半岛国家对中国的依赖要远远大于中国对中南半岛国家的依赖，彼此在交互过程中存在严重的不对称性。

岛双边经贸关系（邱丹阳，2005[44]、2006[45]）。而且从某种意义上说，中国—东盟自贸区的启动昭示着中国开始从被动应对到主导塑造其与中南半岛的经济关系（王玉主，2012[46]）。

泛北部湾经济合作是对环北部湾经济合作的超越①，它将合作范围进一步延伸，旨在构建一个"由两个板块和一个中轴组成的'一轴两翼'大格局"②。推进泛北部湾经济合作，不仅有利于中国西南省区拓展经济合作空间，也能促进经济资源在更大范围的整合，推动原有的"弱—弱"型合作转向"强—弱"型合作，从而在更大程度上增强该区域的经济发展活力。正如贺圣达（2008）所言，泛北部湾经济合作或将成为中国与中南半岛间又一个有效的合作平台以及推进良性循环的合作渠道[47]。更为重要的是，以往中国与中南半岛的经济合作更多地聚焦于陆地，忽略了海洋，泛北部湾经济合作则引导中国与中南半岛的经济合作转向"临海型经济"。对此，李明江（2008）从南海的视角提出，如果泛北部湾经济合作的构想能够充分实现，南海将变为这个经济区的"内湖"，因此就有理由对南海未来的稳定表示乐观[48]，而南海的稳定无疑是中国与中南半岛经济合作持续向好的重要前提。总之，泛北部湾经济合作填补了中国与中南半岛这一板块尚未建立的合作机制的空缺，为中国寻找了一个便捷的出海通道，并通过从海路上打造中国与中南半岛的对接，推进了中国与中南半岛的海洋经济合作，打造了区域新的增长极，促使双方形成更为紧密的经济联系（张蕴岭，2008[49]；贺圣达，2008[50]）。

澜沧江—湄公河合作是中国发起并由柬埔寨、老挝、缅甸、泰国、越南共同创建的一个新型次区域合作机制，Pempel（2010）、Middleton 和 Allouche（2016）、罗仪馥（2018）、Grumbine（2018）等认为，澜湄合作与大湄公河次区域经济合作的诸多共同点决定了二者在某种程度上呈现出"一起一落、一兴一衰"的竞争态势，中南半岛上的国际合作制度终将因竞争而相互取代，出现制度达尔文主义③[51][52][53][54]。邓涵（2019）、朱进杰和诺馥思（2020）则认为澜湄合作找到了自身独特的定位，巧妙地避开

---

① 环北部湾经济合作主要是中越两国展开的次区域合作。

② "两个板块"即泛北部湾经济合作区和大湄公河次区域，"一个中轴"即南新走廊。

③ 有学者将某些制度增强和其他制度减少的现象称为制度达尔文主义（Institutional Darwinism）。

了大国之间的"国际制度竞争"，与区域内既有国际机制并不存在"优胜劣汰""此消彼长""零和博弈"的互动逻辑[55][56]。客观而言，澜湄合作对中南半岛既有制度所形成的竞争不可否认，但它所确定的"3+5"合作框架①以及建立互利互惠、合作共赢的澜湄国家命运共同体的目标契合中南半岛"高阶"合作发展趋势，一定程度上也是对中南半岛既有国际合作制度的自然延伸与升级发展，彼此之间相互补充、相互促进，在区域内形成了"多轮驱动"的格局。进一步而言，作为流域内六个亲密友好邦邻探讨建立新型次区域合作平台的重要努力，澜湄合作进一步开发了次区域各国合作发展的潜力，有利于推进成员国的经济发展，缩小发展差距，是中国与中南半岛经济合作框架的有益补充，也是双方构建全方位合作的重要举措（刘稚和徐秀良，2017[57]）。可见，澜湄合作在大湄公河次区域经济合作的基础上提升了合作水平、拓宽了合作领域、强化了合作机制，"升级"了次区域的地缘经济架构，促使中国与中南半岛的经济关系跃上新台阶（刘卿，2018[58]）。

中国—中南半岛经济走廊是中国连接中南半岛的陆海经济带，它是深化与拓展大湄公河次区域经济合作和澜湄合作的重要路径和突破口，也更深层次地促进了中国与中南半岛的经济合作（汪海，2007[59]；卢光盛，2016[60]）。梁茂林等（2017）指出，中国—中南半岛经济走廊的建设能够有效地稳定并繁荣中国与中南半岛的边境地带[61]。在卢伟等（2017）看来，中国—中南半岛经济走廊的建设不仅通过"战略经济"路径建立了中国与中南半岛的区域合作伙伴关系，也有利于中国与中南半岛标准、技术、政策等的全面对接，形成更均衡的贸易格局[62]。盛玉雪和王玉主（2018）认为，当前的中国与中南半岛是彼此需要的——随着中国进入"新常态"，亟须在对中南半岛的开放中寻找新增长点，而中南半岛则是处于发展的关键时期，非常需要中国给予援助，因此，中国—中南半岛经济走廊的建设能够为沿线各国带来新的发展机遇[63]。总之，中国—中南半岛经济走廊的建设进一步消除经济壁垒与边界效应，更大程度地促进了要素有序的自由流动、资源的高效配置以及市场的深度融合，推动互联互通，扩大投资贸易往来，打造中国与中南半岛国际联动式发展的互利共赢新格

---

① "3+5"合作框架，即以政治安全、经济和可持续发展、社会人文为三大合作支柱，以互联互通、产能跨境经济、水资源、农业和减贫为五个优先方向。

局，促进中国与中南半岛国家的共同繁荣，是"一带一路"倡议的战略支柱、主要内容，同时也是拓展与深化澜湄合作的关键，对中国构建次区域合作和全球治理新格局发挥着独特且重要的作用。（段涛和卢光盛，2017[64]；刘鑫和黄旭文，2018[65]）。

1.3.2.2 关于中国—中南半岛经济走廊建设的研究

实际上，在中国与中南半岛之间建立连接彼此的经济走廊的构想由来已久，大湄公河次区域经济走廊和南新走廊均为其早期的形态，只是在《愿景与行动》提出在"一带一路"倡议下打造六大经济走廊后，中国—中南半岛经济走廊才得以正式形成独立概念，其建设任务也得以进一步明确。对于中国—中南半岛经济走廊的建设，罗雨泽（2019）提出了"以'共商、共建、共享'为发展理念，以共同规划凝聚民心，以合作机制建设规避风险，以示范项目探索成功模式，以早期收获坚定各方信心，先易后难，逐步积累经验、汇聚资源，形成滚动式可持续发展"的总体思路[66]。有学者从机制对接的视角进行了论证分析，例如，卢光盛（2016）、卢光盛和段涛（2016）认为应该从"一带一路"建设高度上将中国—中南半岛经济走廊建设与澜湄合作机制有机结合，进行整体性规划，形成优势互补、协同发展，实现中国—中南半岛经济走廊建设与澜湄合作的良性互动，使中国—中南半岛经济走廊建设取得进一步突破[67][68]；盛玉雪和王玉主（2018）综合考虑中南半岛合作机制的供需现状及中国—中南半岛经济走廊建设的现实约束，也认为对接澜湄合作机制是中国—中南半岛经济走廊建设取得先期突破的必要选择[69]。也有学者试图挖掘中国—中南半岛经济走廊建设的潜力领域，例如在贸易方面，王金波（2017）、文淑惠和张昕（2017）、郑丽楠等（2019）对中国—中南半岛经济走廊的贸易潜力进行了实证考察，均认为该走廊具有较大的贸易潜力，因此有必要进一步提升走廊沿线各国的贸易联系程度[70][71][72]。梁双陆和申涛（2019）利用新经济地理变量"市场潜能"对中国—中南半岛经济走廊的经济关联与增长的空间溢出效应进行分析，发现走廊沿线国家的经济增长不仅受本国资本、技术和劳动力等要素投入的影响，也受到临近国家经济增长所创造的市场潜能扩大的影响[73]。

在中国—中南半岛经济走廊的具体建设策略方面，2015年9月召开的中国—中南半岛国际经济走廊（南宁—新加坡）合作发展圆桌会议特别强调，要合力推进东线的规划建设，同时和西线的建设相结合，各有侧重，协同并行。刘宗义（2015）认为在中国—中南半岛经济走廊的建设过程中，项目推进不应急于求成，要先从沿线各国民心入手，对当地要有全面而深入的了解，特别需要培养国内"草根"外交力量[74]。古小松（2016）也持相同观点，他认为作为一条交通基础设施较好的国际大通道，中国—中南半岛经济走廊"天时"和"地利"条件皆已具备，当前建设的关键在于走廊沿线国家的参与意愿，即"人和"问题，因此要切实做到政治上和平共处、经济贸易上互利合作，文化上和谐交流[75]。吴良等（2018）、方志斌（2019）也指出，"民心相通"对于中国—中南半岛经济走廊的建设有着非常重要的意义，其中华人华侨的纽带作用不可忽视[76][77]。赵可金（2016）、张建平（2017）均认为，推进基础设施的互联互通，最大限度地释放交通网的经济活力，是推进中国—中南半岛经济走廊建设的必然举措和值得期待的目标[78][79]。盛叶和魏明忠（2017）将走廊层次的提升视为中国—中南半岛经济走廊建设的关键，即要在现存经济合作平台的基础上进一步推动交通通道的建设，并充分利用水文地理优势建设海上交通通道，打造海陆交织的交通网，还要制定适用于走廊建设项目的统一法律法规体系和项目风险评估体系，减少走廊建设的风险，避免项目搁置[80]。在胡关子（2018）看来，软件基础设施连通对于中国—中南半岛经济走廊建设也非常重要，对此，他提出了要争取在多边协调上取得突破，也可以以较成熟的双边合作为依托，率先取得高质量的早期收获，再进一步整合资源使其上升为多边行动方案，同时加大相关公共产品与服务的供给力度，优化营商环境，推进法制建设，加强制度保障[81]。对于制度的建设，全毅和尹竹（2017）给予了高度的重视，他们提出要升级中国—中南半岛经济走廊的合作机制，也就是要在完整理论建构的基础上，促进合作机制的整合与升级，提高制度化水平[82]。苏小庆等（2018）认为，支点城市是经济走廊的空间支点，因此有必要通过"发挥支点城市增长极功能""串联支点城市发展轴""构建支点城市网络"加快支点城市发展，推动中国—中南半岛经济走廊建设[83]。汤永川等（2019）则指出，甄别沿线国家的优势产业和要素禀赋，构建中国与沿线国家制造业的高质量合作格局，是中国—中南半岛经济走廊建设得以高质量推进的关键[84]。熊彬和范亚亚（2019）认为建设中国—中南半岛经济走廊的重点在于沿线国家自由贸易战略的实施和国际产能合作的开展，其中国内高端生产要素的培育甚为关键，完善政府监管治理、提高政府效率以及改善投融资法律法规等制度环境也不可或缺[85]。熊琛然等（2020）通过"国家对外影响力模型"的测度结果发现，中国在部分时间里对某些中南半岛国家影响力的弱化并没有必然带来美日印影响力的实质性提升，这些国家在国际体系与战略层面确实给中国影响力的提升带来了一些结构性压力，但实为有限，长期发展趋势显示中国对中南半岛的影响力在持续上升[86]。文淑惠和胡琼（2019）就提出，中国需要充分发挥相邻效应，动态考虑制定相关配套政策来平衡中南半岛国家两两邻国之间的投资利益关系，最大化东道国的直接投资效应，实现中国与中南半岛各国经贸合作的良性发展，以弱化政治因素的干扰[87]。在中美关系掣肘中国—中南半岛经济走廊建设这一问题上，朱翠萍和陈富豪（2019）特别指出，中国应从双边层次上细化对中南半岛国家的国情研究，因地制宜、因时制宜地推动双方发展战略的有效对接，同时加强中美之间的安全对话，打消中南半岛国家"选边站"的顾虑[88]；方志斌（2019）则强调应该以合作共享的思维来规划中美关系前景，提升政策兼容性，管控分歧，相向而行，最大程度缓解大国关系对走廊建设所形成的制约[89]。也有学者认为，中国—中南半岛经济走廊的建设离不开中国云南和广西的区域经济合作。

1.3.3 文献述评及研究方向

1.3.3.1 文献述评

经济走廊作为一种空间集聚现象，在自身演进与外在环境诉求的"双重压力"下，通过不断地匹配与适应，形成了稳定的经济空间，经济要素的集聚效应、扩散效应、辐射效应得到释放，各参与方在建设过程中收获各自的地缘经济利益，并且相较于具有规范性制度的区域合作组织，经济走廊实施更加灵活、门槛更低，一定程度上避免了耗时的谈判周期和其他政治因素的干扰，日益成为区域经济合作的重要方式之一。

通过对中国—中南半岛政治关系的回顾，不难发现，中国始终将中南半岛视为周边重要的战略次区域，旨在打造中国—中南半岛更为紧密的政治关系。但对于中南半岛而言，无论中国如何谦虚友好，它们都始终认为其是一个必须严肃对待的对象，因而借由域外大国介入的机会，中南半岛各国"巧妙"地游离其间——既与中国保持友好，又与域外大国互利互往，中国—中南半岛政治关系微妙且复杂。但这并不影响经济互利，因为追求最大限度的收益是行为体的本质特征，而且大量的事实证明，经济相互依赖往往是和平的源泉。这也就意味着，中国与中南半岛的经济合作进程不会因为政治因素而停滞不前，相反地，它们或许还会极力促成经济合作和经济互利来促进双方政治关系的升温。在过去中国与中南半岛的经济合作中，大湄公河次区域经济合作、中国—东盟自由贸易区、泛北部湾经济合作、澜沧江—湄公河合作均表现出了较强的活力，促进了双边经济关系的发展，但这些合作制度近年来也渐显疲态，对各国经济增长越发缺乏推动力。具体而言，大湄公河次区域经济合作的发展出现了停滞，特别是在合作主导权方面，亚行日益显现出推动能力与意愿的不足，另外，虽然次区域合作各国均制定了适合本国的发展战略，但高层往来与对话机制的缺乏使得大湄公河次区域各国的发展战略未能实现良好对接。中国—东盟自贸区"降关税促贸易、促收益"的效应呈现出明显的边际递减趋势，中国与中南半岛的经济合作需要拓展新的空间。泛北部湾经济合作的潜力在于"泛"，难点也在于"泛"，因为其实质是一个涉及多个相互关联、差异性大、利益诉求不同的决策个体从冲突竞争走向协调合作的博弈过程，如何选择利益交汇且容易开展的合作项目是考验合作各方的一大难题，而且合作机制欠缺也制约着泛北合作的深入开展。澜湄合作是中国首次在中南半岛寻求更多国际合作倡导权、国际话语权的尝试，是一个高阶的次区域主义以及区域合作的"中国方案"，然而要实现更高阶的目标就必然意味着更高的成本和代价。正如前文所述，中国与中南半岛经济关系中一个显著特征就是"不对称依存"，这就使得中南半岛国家对中国存在忧惧情绪，进而导致的信任危机就成为澜湄合作的障碍。此外，如何面对该地区的机制重叠也是摆在澜湄合作面前的重要任务。

显然，对于中国与中南半岛进一步深化经济关系的现实需求，以往的合作机制已难以满足，因而建设中国—中南半岛经济走廊就不失为一种新的选择，其原因在于：在该地区以往的合作机制中，每一种形式似乎都有特定的目标指向性，如中国—东盟自贸区旨在取消成员国内部的关税壁垒，泛北合作注重发展海洋经济，因水而生的澜湄合作更多地关注水资源开发和跨流域治理。相比之下，中国—中南半岛经济走廊更注重全面性，处于"一带一路"倡议持续推进的背景之下，它肩负起更多中南半岛次区域合作关系升级版探索与建设的使命，在某种程度上可以谓其为该地区以往所有合作机制的整合与升级。而经济走廊本身就是一个蕴含诸多系统的大系统，其中每个子系统都是密切联系、相互促进、整体联动的，这意味着在中国—中南半岛经济走廊建设中，既有传统的软硬件连通，又有贸易投资便利化，还有建立命运共同体的需求。可以这么说，建设中国—中南半岛经济走廊是一种以全面发展为导向的新型次区域合作机制，它以设施连通为基础，以多元化合作机制为重心，以实现命运共同体为目标，正因如此，它就能够进一步推动中国与中南半岛更直接有效地"无缝"对接，引领双方的经济关系更上一层楼。

1.3.3.2 研究方向

虽然建设中国—中南半岛经济走廊的提议由来已久，但早前它更多的是"大湄公河次区域经济走廊"的概念，当时各国并没有专门就其建设达成框架性协议，甚至连概念性的文件都未曾颁布。在"南新走廊"提出后，中国与中南半岛依托中国—东盟自贸区、泛北合作等机制平台，着手通道建设并进行贸易投资。《愿景与行动》的颁布才使得建设中国—中南半岛经济走廊的任务正式明确，中国与中南半岛在基础设施建设、国际产能合作、境外经济合作区建设上起步良好。但总的来看，该走廊的建设缺乏高效的组织领导，各国仍未就其建设专门达成原则性、框架性的协议，缺少具体的合作规划、内容及议程，即便是在中国国内，广西和云南对其建设也有不同的表述或不同的侧重，建设进展较为缓慢。作为一项以全面发展为导向的新型区域经济合作机制，中国—中南半岛经济走廊的建设亟须务实高效的推进机制。同时，郎平（2012）分析并证明了"大国推动"在发展中国家区域合作中的至关重要性[90]，刘稚和黄德凯（2018）研究发现"关键大国"角色缺失是孟中印缅经济走廊建设未能取得实质性进展的重要原因[91]，鉴于此，中国—中南半岛经济走廊的建设也需要有能力的主体予以主导推进。此外，在六大经济走廊面世后，学界就其建设基本上达成了共识，即"在'一带一路'框架下，加强统筹协调，既要在整体上进行协调，又要兼顾各走廊特点'因廊施策'"，但就中国—中南半岛经济走廊而言，其建设进程缓慢的另一个原因就在于"因廊施策"的缺位，纵观与该走廊建设相关的文献，"因廊"研究鲜有涉及，因而"施策"就显得推动力不足。

综合上述分析，本书拟在前期基础性研究和宏观解读的基础上，结合经济走廊的固有属性与演变规律，对中国—中南半岛经济走廊在"一带一路"倡议中的功能定位及其自身特点进行界定，再根据中国—中南半岛经济走廊所处区域的现实情况、沿线国家合作需求、国别潜力等微观层面的因素，寻找并论证检验中国与中南半岛国家进行地缘深度整合以谋求持续经济互利的潜力需求，并对中国推进中国—中南半岛经济走廊建设的优势进行实证分析，为推进中国—中南半岛经济走廊的建设提供有针对性的实施方案，做到真正意义上的"因廊施策"，最终推进中国—中南半岛经济走廊建设向高质量发展。

1.4　研究思路、内容与框架

本书按照"提出问题—理论分析—现实考察—实证检验—对策建议"的思路展开全面研究。首先，通过梳理有关中国—中南半岛经济走廊建设的国内外文献，对既有研究进行述评，并发掘当前研究的不足，确定本书的研究问题，即"从经济学角度探讨在新背景下如何推进中国—中南半岛经济走廊建设"。为此，首先阐释相关概念、理论基础并构建理论框架，在此基础上对中国—中南半岛经济走廊建设进行现实考察，并对如何推进中国—中南半岛经济走廊建设进行论证检验，在定性与定量相结合的分析中，探寻存在的问题，分析发展潜力，确定以"加强国际产能合作"发展走向和"陆海联动"发展特征作为新背景下推进中国—中南半岛经济走廊建设的主要方向，进而"因廊施策"，提出推进中国—中南半岛经济走廊建设向高质量发展的对策建议。本书各章具体内容为：

第1章，导论。主要内容包括：①研究背景、研究目的与研究意义；②梳理国内外文献，对既有研究进行评述，发掘当前研究的不足，确定本书的研究问题；③确定本书的研究思路、内容与框架、研究方法与技术路线、贡献与创新。

第2章，相关概念与理论基础。主要内容包括：①解释相关概念，包括经济走廊、"一带一路"六大经济走廊和中国—中南半岛经济走廊；②阐释本书所涉及的理论，包括次区域合作理论、经济增长相关理论、国际产能合作相关理论；③构建本书理论框架。

第3章，中国—中南半岛经济走廊建设的现实考察。主要内容包括：①中国—中南半岛经济走廊建设现状；②中国—中南半岛经济走廊建设存在的问题与挑战；③小结与启示。具体而言，基于实地调研资料及相关数据，对该走廊的建设现状进行考察，研究发现：该走廊基础设施互联互通网络初步形成，国际产能合作增长迅速、机制增强、项目稳步推进、支撑平台初步建成、投资环境逐步改善，政治互信不断增强且合作机制逐渐形成，但仍存基础设施连通仍显滞后、国际产能合作较为缓慢、合作机制层次与政治互信程度有待提升等一系列问题与挑战。

第4章，中国—中南半岛经济走廊建设分析。主要内容包括：①加强基础设施建设的潜在需求与必要性分析；②深化国际产能合作的潜在需求分析；③中国推进中国—中南半岛经济走廊的优势分析。具体而言，一是基于现实考察结果对该走廊的基础设施建设潜在需求进行论证，接着运用"世界银行物流绩效指数"和"引入基础设施变量的贸易引力模型与边界效应模型"检验该走廊基础设施建设的必要性，以考察该走廊是否存在加强基础设施建设的潜在需求与必要性。二是基于 UN Comtrade 贸易数据，运用"贸易互补性指数""加权产业内贸易指数""拉菲指数""贸易竞争力指数""出口相似性指数"对中国与中南半岛国家产业的贸易互补性与竞争性进行了系统的测度，以考察该走廊是否存在深化国际产能合作的潜在需求。三是从"贸易增加值"和"产业升级"视角考察中国是否具备推进该走廊建设的优势：首先利用 WIOD 数据，基于全球价值链贸易增加值视角构建"修正显性比较优势指数""垂直专业化程度""全球价值链位置指数"，测算分析中国产业国际竞争力；再以"一带一路"倡议形成的准自然实验为切入点，基于 2012—2017 年中国上市公司数据，采用 DID、DDD 计量模型考察"一带一路"倡议对中国产业升级的影响效应。

第5章，中国—中南半岛经济走廊建设高质量发展建议。主要内容包括：①加强基础设施建设；②深化国际产能合作；③加强陆海统筹，推进陆海联动；④构建高效合作机制。具体而言，在加强基础设施建设方面，首先在"对接"的基础上进一步规划与完善布局与实施方案；其次，进一步加强与提升各类基础设施建设，打造现代化综合基础设施体系；最后，促进通关便利化。在深化国际产能合作方面，一是科学规划国际产能合作的领域，二是制定合理的国际产能合作策略，三是升级国际产能合作的平台，四是构建中国—中南半岛新型区域价值链。在加强陆海统筹，推进陆海联动方面，一是要找准切入点，加强陆海统筹，二是要加强"支点"建设，推进陆海联动。在构建合作机制方面，既要统筹协调现有合作机制，又要建立新的合作机制。

第6章，研究结论与展望。

综上所述，本书的研究框架如图1-2所示。

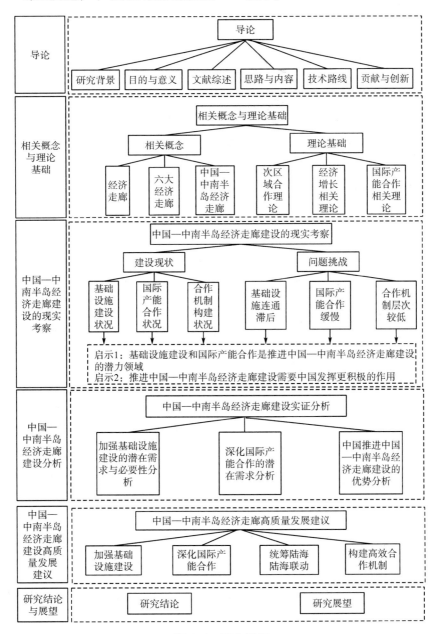

图 1-2　研究框架

1.5　研究方法与技术路线

1.5.1　研究方法

本书采用文献分析与实地调研相结合、理论分析与实证检验相结合以及跨学科的综合研究方法，研究推进中国—中南半岛经济走廊建设的对策，以期获得具备原创性与实践性的研究成果。

1.5.1.1　文献分析与实地调研相结合

根据研究内容，通过电子期刊数据库及学校图书馆藏书查阅相关书籍著作、报纸杂志、档案文件、报表年鉴等资料，系统梳理了关于"经济走廊""中国—中南半岛经济走廊""中国—中南半岛关系"的研究，分析既有研究可能存在的空白与不足，为后续研究奠定理论基础；与此同时，对新加坡、马来西亚、泰国、越南、缅甸等中南半岛国家进行了实地调研，收集第一手相关资料以便对中国—中南半岛经济走廊的建设现状进行分析，为原因的梳理、推进路径的思考寻找理论和现实依据。

1.5.1.2　理论分析与实证检验相结合

本书首先通过理论分析来为研究奠定理论基础，再通过实证分析对理论观点予以检验。首先，梳理国内外文献，掌握研究现状，从理论上对推进中国—中南半岛经济走廊建设的路径进行系统论述；其次，分别对中国—中南半岛经济走廊加强基础设施建设的潜在需求与必要性、中国—中南半岛经济走廊深化国际产能合作的潜在需求、中国推进中国—中南半岛经济走廊建设的优势进行论证检验；第五，提出推进中国—中南半岛经济走廊建设向高质量发展的对策建议。

1.5.1.3　经济计量分析法

（1）线性回归模型

线性回归模型是计量经济学中最常用的一种估计方法，本书基于线性回归模型的原理，将基础设施变量引入贸易引力模型与边界效应模型，以研究不同类型的基础设施对中国—中南半岛经济走廊沿线各国贸易往来的影响。

（2）双重差分法、三重差分法

基于自然实验的双重差分法是对政策效应的估计分析方法，其基本原理在于寻找一个不受政策影响的对照组与受政策影响的实验组形成对比，然后通过两次差分剔除其他干扰因素的影响以得到政策在实施后对实验组的净效应；双重差分法的重要假设是对照组和实验组的时间趋势一样，而当对照组和实验组的时间趋势不同，则无法得到一致的实验估计量，需要进一步改进双重差分估计量，即为三重差分。本书采用双重差分法（DID）、三重差分法（DDD），以"一带一路"倡议形成的准自然实验为切入点，考察产业升级视角下中国的产业竞争力。

（3）指数测算

本书以直接贸易额为统计口径，采用"贸易互补性指数""加权产业内贸易指数""拉菲指数""贸易竞争力指数""出口相似性指数"分析中国与中南半岛国家的贸易互补性与竞争性，以考察中国—中南半岛经济走廊的国际产能合作潜力。再基于全球价值链视角下的贸易增加值视角，构建相应的"修正显性比较优势指数""垂直专业化程度"和"价值链位置指数"，对中国产业国际竞争力进行测算分析。

1.5.2 技术路线

本书拟遵循如下技术路线进行分析论证：第一，梳理国内外相关文献，对既有文献进行述评，找出研究不足与空白，提出本书的切入视角，确定论文题目；第二，阐释相关概念和相关理论基础，并构建本书理论框架，为后文的研究奠定理论基础；第三，对中国—中南半岛经济走廊建设进行现实考察，总结走廊建设现状及存在的问题，并以此为基础，提出本书推进中国—中南半岛经济走廊建设的对策思考，这是本书研究的现实依据；第四，依据前文的理论分析和现状考察，对推进中国—中南半岛经济走廊建设进行论证分析与实证检验；第五，提出推进中国—中南半岛经济走廊向高质量发展的对策建议。

本书具体的技术路线如图1-3所示。

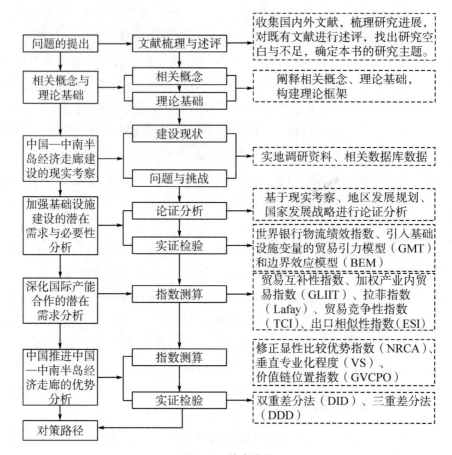

图 1-3　技术路线

1.6　创新与不足

本书可能的边际贡献与创新之处主要体现在以下两个方面：

第一，虽然学界对中国—中南半岛经济走廊的建设进行了诸多探讨，但多停留在基础性分析与宏观解读上。也就是说，既有研究多为放之任一经济走廊皆适用的框架性指导，"因廊"研究鲜有涉及，"施策"就显得动力不足。对此，本书基于宏观层面的研究成果，结合经济走廊固有的属性与演变规律，对中国—中南半岛经济走廊在"一带一路"倡议中的功能定位以及中国—中南半岛经济走廊自身特点、所处区域的现实情况、沿线国家诉求、国别潜力等各个微观层面的因素进行分析与检验，有针对性地寻找中国与中南半岛国家进行地缘深度整合以谋求持续经济互利的有效路径，为推进中国—中南半岛经济走廊建设提供切实可行的实施方案，真正做到"因廊施策"。

第二，虽然有学者指出"大国推动"以及"大国作用的发挥"在经济走廊建设中的重要性，中国在中国—中南半岛经济走廊建设中的角色也引起了诸多学者的关注，他们呼吁中国在其建设过程中应该发挥更多的积极作用。但是客观来看，学者们的呼吁更多是基于中国作为建设中国—中南半岛经济走廊的提出国以及区域内的关键大国而提出的，也就是说，这仅仅是一种基于逻辑分析的经验判断，缺少实证检验的支撑，因此，如何检验中国的产业能力就是本书要解决的一大问题。为了更客观且全面地考察中国的产业能力，本书先从"贸易增加值"的视角对中国的产业能力进行实证分析，再运用一系列计量方法分析"产业升级"的视角下中国产业能力的动态演变情况，为推进中国—中南半岛经济走廊建设的中国作用发挥提供实证依据。

本书可能存在以下不足：

第一，在某些变量指标的选取上仍有较大改进空间。不同于"大国推动"以及"大国作用的发挥"的经验判断和理性的逻辑判断，本书首先利用"世界投入—产出表"数据，基于全球价值链视角构建相应的指数，对中国的产业能力进行了定量测度，再以"一带一路"为准自然实验，基于中国上市公司数据，构建 DID、DDD 模型来研究"一带一路"倡议对中国产业升级的影响效应，以考察中国产业能力的动态演变情况。研究结果证明了量化分析的优点，但测度中国产业能力的标准并不囿于此，还有其他的表征视角和测度指标，因此未来还有很大的研究空间。此外，由于数据缺失或不可得，中南半岛各国交通基础设施密度仅用公路、铁路及航空里程来计算，未能考虑海运和内河水运的影响，中南半岛各国能源基础设施密度也仅用产电量和耗电量来计算，这在往后的研究中也有待补充与完善。

第二，在推进中国—中南半岛经济走廊建设向高质量发展的策略与实施路径上存在不足。本书在第 2 章界定经济走廊时曾提及，"在新的发展时期，经济走廊的建设由经济领域扩展到非经济领域，经济走廊逐渐从参与方各谋己利的利益平台转向团结互助、平等协商、互利互惠、合作共赢的命运共同体平台"，但考虑到中国—中南半岛经济走廊的建设尚未进入命运共同体的高阶化阶段，故而本书所提出的加强基础设施建设、深化国际产能合作、陆海联动、构建高效合作机制的各项举措更多的是针对中国—中南半岛经济走廊在"一带一路"中的功能定位及其自身特点，还未涉及如何打造命运共同体的具体措施，这有待于后续的研究中加以完善，而且上述四大举措的具体推进措施也有待进一步细化。

以上既是本书的研究不足，也是未来继续研究的方向。

2 相关概念与理论基础

2.1 相关概念

2.1.1 经济走廊

2.1.1.1 经济走廊的一般解释

通过上一章对经济走廊演进脉络的梳理，不难发现，经济走廊演进的背后其实是经济形态的发展变迁，即经济向形态更高阶段发展的过程，在时序上体现为"原始经济→农业经济→工业经济→知识经济"的演进，这种时序演进的根本推动力在于人类获取更高价值经济提供物的欲望。为了满足自身不断提升的需求，人类开展物质生产、分配、交换、消费等活动，并不断为之拓展空间，从"点空间"到"面空间"，再到如今的"多空间""大空间"，经济走廊就在这一过程中孕育发展。可以说，经济走廊是经济要素在一定的地理区域内不断积聚与扩散而形成的经济空间形态。但正如前文所言，经济走廊是一个历史的、发展的空间概念，所以经济走廊在不同的发展阶段、不同地域空间会有不同的定义和内涵。虽然经济走廊伴随着经济形态变迁经历了漫长的岁月，但仍未形成统一公认的概念界定。因此，本书需要基于时序发展脉络，对经济走廊的概念进行梳理归纳，并做出对经济走廊的界定。

经济走廊的形成与发展与交通走廊密切相关，因而早期的经济走廊与交通走廊之间很难划分明确的界限，经济走廊的定义基本上等同于交通走廊，比如：在 Taylor（1949）看来，"走廊是一条沿河并由几个城镇和村庄组成的廊道"[92]；Whebell（1969）认为"走廊是通过交通媒介将城市区域联系起来的线状系统"[93]；欧盟委员会则将走廊定义为"由跨界公路、铁路、内河航运、通信等基础设施在相邻的城市或地区间跨界流动所构成的'轴线'";等等。由此可见,这一时期的经济走廊可以定义为"由综合交通枢纽和多条基本平行的交通干线组成的、承担所有空间相互作用的廊道状地域空间系统",它局限于交通基础设施沿线较窄范围内,更多的是通过发挥交通基础设施的连接来完成空间内资源、货物、人员、资金等的流动。

伴随着多种交通方式跨区域的有效衔接以及"高速可达性走廊"的实现,走廊区域空间结构由单中心向多中心演化,沿着交通基础设施所形成的纵横交错的交通通道出现连续带状发展的现象,成为跨区域合作的"脊梁",产业带动效应随之显现。基于此,20世纪末,世界各国的区域政策和空间发展规划要求经济走廊突破单纯的运输功能。在"发展走廊"和"多模式走廊"的概念相继提出后,《欧洲空间发展战略》提出"发展"应作为走廊的核心元素,而且卢光盛和邓涵(2015)认为不同部门政策之间建立联系对于经济走廊空间的形成与发展有重要意义[94]。亚洲开发银行提出要将交通走廊建设与经济发展相结合,把经济走廊建设作为基础设施开发与生产、贸易、投资相联系的区域。对这一阶段的经济走廊而言,交通基础设施的重要性依旧不可否认,但其单纯的运输集散功能逐渐被淡化,投资贸易、产业合作等功能不断增强,因而曹小曙和阎小培(2003)、王磊等(2012)将这一阶段的经济走廊定义为"在相邻的区域之间,以高度发达的多模式交通网络为载体,以人员、货物、信息、资金等各种要素的流动为基础,开展投资贸易及优势互补的产业合作所形成的次区域经济腹地及带状地域空间"[95][96]。可见,经济走廊不再囿于交通基础设施沿线的地理空间,而是一种强调优势互补的次区域经济合作形式,其实质为经济通道(杨鹏,2012[97])。

随着经济走廊核心区位的辐射扩散带动跨区域网络化联系的形成及其作用强度的提升,经济走廊功能的发展顺应"节点→区域化→网络化"的高级化演变,其经济合作不断取得新的成效,经济走廊也因此被赋予了新的使命。例如澜湄合作,它一定程度上等同于澜沧江—湄公河流域国家经济走廊的建设。2016年3月,澜湄流域沿线国家提出"澜湄合作将在基于领导人引导、全方位覆盖、各部门参与的架构,建设面向和平与繁荣的'澜湄国家命运共同体'"。经济走廊成为反映沿线国家(或地区)共同需要和深化区域整合的关键战略,也是在政策对接、经济合作、文化交流等不同层面形成多元支持力量的区域（梁昊光，2017[98]）。也就是说，在新的发展时期，经济走廊建设更多地向非经济领域扩展，经济走廊逐渐从参与方"各谋己利的利益平台"转向团结互助、平等协商、互利互惠、合作共赢的"命运共同体平台"。

2.1.1.2 经济走廊的概念

综上所述，旨在提升区域通达程度的基础设施通道是经济走廊的物理形态，而发展经济的跨区域经济合作是经济走廊的本质特征，人文交流、环境保护、合作机制等非经济领域的合作则是经济走廊的重要组成部分。在本书看来，经济走廊既是一个静态的空间概念，亦为一个不断发展的过程：就其静态概念而言，经济走廊是经济要素在一定的基础设施通道内不断积聚与扩散所形成的空间形态；就其动态概念来看，经济走廊则是相邻国家（或地区）为了实现区域经济一体化所采取的发展战略及其建设过程。基于以上分析，本书将经济走廊定义为：沿线国家（或地区）以基础设施为基础，持续深化经济往来并不断开拓其他领域的合作，发展团结互助、平等协商、开放包容、合作共赢伙伴关系的"命运共同体"平台。就狭义角度来看，经济走廊是连接各国（或地区）的基础设施走廊，包括公路、铁路、航道、航空网、通信线缆、油气管道等；从广义角度来看，经济走廊是以沿着基础设施通道所发展起来的集投资贸易、产业合作等为一体的地域空间，该地域空间实现了生产要素的自由流动，沿线各经济体的比较优势通过产业互补得到了有效释放，最终实现共同发展；再结合新时期的发展诉求来看，经济走廊又是沿线国家（或地区）发展团结互助、平等协商、开放包容、合作共赢伙伴关系的"命运共同体"平台。这一定义体现了经济走廊的三个特点：

（1）全局综合性

在地理空间上，经济走廊表现为由点到线、连线成片的延伸；在合作内容上，经济走廊又体现为由单一到复杂的发展。具体而言，经济走廊并不局限于某一个国家、某一个地区、某一产业或某一项目，而是由点到线、从线到面的多层次经济合作模式，也是涉及各行业的跨界产业链和项目群，旨在以次区域的互动与合作来带动整个次区域的经济社会发展，规模和效益具有全局综合性。

（2）关联进阶性

在经济走廊建设之初，不断夯实与完善基础设施通道是第一要务，随着基础设施的建成与改善，资源、货物、人员、资金等要素流动以及区域间联系被带动，引导区域能源集聚、产业集群、技术流动和贸易往来，不断深化各种经济活动，其他领域的合作得以不断开拓，在这个过程中，经济走廊就逐渐发展为各方团结互助、平等协商、开放包容、互利互惠、合作共赢的命运共同体平台。换言之，经济走廊是一个合作领域由物理连通到经济合作、合作形式由低阶到高阶的综合演变过程，其中基础设施是经济走廊的基本物理形态，基于地区间的可达性所发展起来的产业合作、投资贸易等经济活动是经济走廊的功能进阶，以基础设施为基本载体、以经济合作为根本前提的命运共同体平台是经济走廊功能更高阶化的体现，三者互相依存、彼此促进、共同发展。

（3）优势互补性

经济走廊所涉及的国家（或地区）具备各自不同的优势，也就是说，参与经济走廊的沿线国家（或地区）在资源、条件、人力、技术、财力、设施等方面不尽相同，正因如此，建设经济走廊的过程就是促成各参与方取长补短、相互补充、共同发展的过程。

由以上分析不难发现，经济走廊的实质就在于发展国际通道经济，即"以基础设施为载体，对沿线国家（或地区）进行结构调整、产业培育、资源开发和生产力布局的跨国经济"，也就是通过国际交通运输主干线路的聚扩转换功能，促进经济走廊中的关键枢纽发展成为次区域重要的经济中心，最大程度地促进生产要素的流动，进一步深化经济往来与合作，以交通网络带动跨国（地区）经济网络的形成，促使交通优势转化为经济优势，最终使得各参与方实现互利共赢的共同发展。

2.1.2 "一带一路"六大经济走廊

事实上，"一带一路"就形似两条东连亚太经济圈、西接欧洲经济圈，跨越高山深海与国别壁垒的经济走廊，它是陆域经济与海域经济紧密结合并依托重要经济通道形成的产业合作经济带，也是因道路与航道辐射带动形成的生产力布局及区域经济发展体系，其实质就是经济走廊。随着《愿景与行动》提出要打造贯穿"一带一路"各个方向的六大经济走廊，"一带"上遍布着中国西北面向中东、中亚的经济走廊群，"一路"上也遍布着中国西南面向南亚、东南亚的经济走廊群。因此，六大经济走廊就是中国携手"一带一路"沿线国家所打造的新亚欧大陆桥、中国—中亚—西亚、中蒙俄、中巴、孟中印缅和中国—中南半岛经济走廊，这些走廊精准地串联起了"一带一路"沿线不同发展水平的国家，通过提高走廊内国家之间的合作规模和对外开放程度，拉近了彼此的空间距离，扩大了彼此的溢出效应，实现了"联强扶弱"目的，缩小了国家间经济发展差距。如此看来，六大经济走廊不仅是"一带一路"倡议的主要脉络，也是"一带一路"倡议落地实施的依托、系统建设的切入点、分区施策的先导以及全面推进的框架支撑。

六大经济走廊的定位各不相同，总体而言，它们分别是"一带一路"倡议不同方向的重要走廊，是中国从各个方向推进"一带一路"倡议的重要部署。具体而言：孟中印缅经济走廊、中巴经济走廊、中国—中南半岛经济走廊皆为中国西南方向的重要战略，是连接"两翼①"的龙骨，这三条走廊是否能够顺利建成关乎亚洲内陆能否直通海洋，更关系着"亚洲世纪"能否真正实现。其中，孟中印缅经济走廊还联系着中国、印度这两个世界上最大的发展中国家，是推动中印两大市场利益交融的纽带，陈利君（2015）、国务院发展研究中心"一带一路"课题组（2018）等将其称为"一带一路"六大经济走廊中最为重要的陆上走廊[99][100]；中国—中南半岛经济走廊是深化中国—东盟合作的重要载体，是中国"三环外交"第一环中的一个重要组成部分（杨勇，2005[101]）；中巴经济走廊作为"一带一路"倡议的旗舰项目，它在战略层面被赋予"一带一路"的开山之作、中国对巴基斯坦重塑国家形象的努力、中国破解马六甲困局和应对西太平洋压力的利器、中国陆权战略之纲等多重期待（高柏和甄志宏，2017[102]）。中国—中亚—西亚经济走廊和中蒙俄经济走廊是中国西北向、北向的重要突破口（张秀杰，2015[103]），新亚欧大陆桥是由中国东部沿海向西的延伸。

与此同时，六大经济走廊由于地理区位、资源禀赋和发展特色的差异，在建设过程中又各有侧重，例如：李希光等（2016）直言"没有瓜达尔港就没有中巴经济走廊"[104]，可见，瓜达尔港就是中巴经济走廊最重要的项目，中巴经济走廊建设的主要任务就在将巴基斯坦的瓜达尔港与中国的新疆相连，实现石油的高效运输；新亚欧大陆桥是中国直通欧洲的物流主通道，侧重点是陆上铁路货运，主打的中欧班列成为"一带一路"建设的重点品牌；中国—中亚—西亚经济走廊和中蒙俄经济走廊均以能源的开

---

① "两翼"指的是"丝绸之路经济带"和"21世纪海上丝绸之路"。

发合作为依托，并偏重国家安全、口岸建设；由于中南半岛特殊的区位条件、与中国的历史文化渊源和较强的经济互补性，该区域与中国存在较大的经贸合作潜力，因此，中国—中南半岛经济走廊建设的主要任务就在于推进与深化国际产能合作，从而在联结"一带"与"一路"的基础上更好地带动区域经济发展；而孟中印缅经济走廊的建设倘若没有中印两个大国的积极参与，其内涵和战略意义将大幅下降，这就意味着印度的态度至为关键，正如前中国驻印度大使罗照辉所言，"中印如何共处，如何看待彼此发展，如何判断彼此意图，这是孟中印缅经济走廊面临的关键问题"，因此，对于孟中印缅经济走廊来说，其建设重点就在于推动印度走出认知困境并提升其合作意识（姚遥和贺先青，2018[105]）。

2.1.3　中国—中南半岛经济走廊

中国—中南半岛经济走廊作为"一带一路"致力于打造的六大经济走廊之一，它是一条"以昆明、南宁、河内、胡志明、万象、金边、仰光、曼谷、吉隆坡、新加坡等城市和港口为重要节点，以公路、铁路、航道、航空网、油气管道、通信等各类基础设施为载体和纽带，以资源、货物、人员、资金等要素流动为基础，利用资源结构差异性、贸易结构互补性、产业结构层次性开展投资贸易与产业合作，建立和发展沿基础设施通道为辐射带的优势产业体系、城镇体系、口岸体系和跨境经贸合作区，使各种资源要素和生产要素通过跨界流动达到有效配置，形成覆盖中国云南和广西、越南、缅甸、柬埔寨、老挝、泰国、马来西亚、新加坡的优势互补、分工协作、联动开发、互利互惠、共同发展的经济带"。由以上定义可以看出，重要节点、基础设施通道以及产业合作是中国—中南半岛经济走廊的主要构成要素。

2.1.3.1　中国—中南半岛经济走廊的发展历程

早在1998年，大湄公河次区域经济合作第8次部长会议就提出了"要把交通走廊的建设与经济发展结合起来建设经济走廊"的构想，大湄公河次区域随之形成了"南北经济走廊""东西经济走廊"和"南部经济走廊"的空间布局，"大湄公河次区域经济走廊"就是中国—中南半岛经济走廊的早期形态。2006年召开的首届泛北部湾经济合作论坛提出建设"南新走廊"，这一走廊即真正意义上中国—中南半岛经济走廊的雏形。2008年10月，时任中国国务院总理温家宝做出了"要把北部湾经济区开放开发与区域经济合作结合，推进南新走廊建设"的指示。2010 年的第五届泛北部湾经济合作论坛发布了推进南新走廊建设联合倡议，同年 10 月的第三届中国—东盟智库战略对话论坛把南新走廊的建设问题列入讨论议题。2011 年 8 月，在第六届泛北部湾经济合作论坛上，专家达成了"南新走廊建设是泛北合作的重要组成部分，要通过跨境合作的持续推进形成局部突破与示范效应，最终使整个经济走廊得以贯通"的共识。2014 年 9 月，时任中国国务院副总理张高丽在第 11 届中国—东盟博览会与中国—东盟商务与投资峰会上提出要积极推动南新走廊建设，并在两会期间首次举办以"南新走廊建设"为名的一系列论坛、会议，如第七届中国—东盟智库战略论坛暨首届南新走廊智库峰会、中国—新加坡经济走廊节点城市市长圆桌会，达成了携手共建南新走廊的"南宁共识"。2014 年 12 月，大湄公河次区域经济合作第五次领导人会议召开，时任中国国务院总理李克强在会议上指出，"要着眼于次区域经济合作方向与合作重点，充分发掘中国与中南半岛国家新的增长动力和合作模式，共同规划建设全方位交通运输网络和产业合作项目，促进中国—中南半岛经济走廊经济社会可持续发展"。2015 年 9 月，中国—中南半岛经济走廊南宁—新加坡合作发展圆桌会议对中国—中南半岛经济走廊的建设蓝图进行了研究探讨。2016 年 5 月，第一届中国—中南半岛经济走廊发展论坛召开，论坛达成了"提升中国—中南半岛经济走廊经贸合作层次、水平、投资规模、人文交流"的一致共识，并正式发布了《中国—中南半岛经济走廊建设倡议书》，该倡议作为重要成果被写入《共建"一带一路"：理念、实践与中国的贡献》。2018 年 5 月，第二届中国—中南半岛经济走廊发展论坛达成了"以陆海新通道建设为载体，推动中国—中南半岛经济走廊沿线国家（或地区）互联互通加速发展，进而带动产业合作"的共同愿望。

2.1.3.2 中国—中南半岛经济走廊的特点

从中国—中南半岛经济走廊在"一带一路"倡议中的功能定位来看，它首先是"一带一路"倡议的重要组成部分及其建设的重要任务，这一点是不言而喻的。与此同时，作为中国从东南亚方向推进"一带一路"倡议的重要部署，它又有着独特的定位与作用，主要体现为：中国—中南半岛经济走廊不仅包括了"一带"东南亚地区陆上 11 个重要节点城市，而且还涵盖了"一路"东南亚地区的重要节点港口，这就意味着该走廊的建设既可有陆地的合作，又可有海的联动，不仅能在海陆并举、陆海统筹中连接"一带"和"一路"，还有助于与"一带一路"重要节点城市、港口的发展形成相互支撑，在"路""带"连接的基础上更好地推进"一带一路"建设。因此，若能在现有基础上进一步强化基础设施建设，提高沿线国家的连通能力，南向会在新加坡与"21世纪海上丝绸之路"形成衔接，北向会以中国广西、云南为起点经西南地区与"丝绸之路经济带"相连，使该走廊成为"一带"与"一路"有机串联的中间桥梁，更成为"一带一路"建设的脊骨支撑。

再从中国—中南半岛经济走廊所处区域的资源禀赋、沿线国家合作需求及国别潜力来看，中国—中南半岛经济走廊面向的是几乎涵盖东盟的东南亚七国，相比其他经济走廊涉及的国家和地区，这七个国家社会相对稳定、总体经济发展基础较好、市场潜力较大，更为重要的是，这七个国家在要素禀赋上与中国合作共建新型跨国生产网络的条件最成熟（卢伟和李大伟，2016[106]；卢伟 等，2017[107]），对此，国务院发展研究中心对外经济研究部副部长罗雨泽（2019）在《统筹协调六大国际经济合作走廊建设》一文中就明确指出，国际产能合作是中国—中南半岛经济走廊建设的重心和主要任务。

最后结合国家顶层设计对中国—中南半岛经济走廊的规划来看，《愿景与行动》指出，"海上以重点港口为节点，共同建设通畅安全高效的运输大通道"；《全国海洋发展"十三五"规划》提及，北部、东部、南部①三大海洋经济圈要加强与"一带一路"倡议的合作；《"一带一路"建设海上合作设想》提到，"'一带一路'建设海上合作以中国沿海经济带为支撑，密切与沿线国家的合作，连接中国—中南半岛经济走廊，经南海向西进入印度洋，衔接中巴、孟中印缅经济走廊，共建中国—印度洋—非洲—地中海蓝色经济通道"。这对于既有重要节点港口又有重要节点城市的中国—中南半岛经济走廊来说，其建设就应陆海联动，具体为：在沿海上运输大通道选择一些条件较好的港口和城市为"点"，共建港口和临海经济开发区，推动海洋合作与临海产业的发展，形成走廊的支撑点，并逐步向腹地拓展；在此基础上连点成线，形成以海上运输大通道为轴线的海洋与临海经济带；再以海洋合作和临海经济带为基础，从线到片，逐步形成区域大合作（梁颖和卢潇潇，2017[108]）。

---

① 南部海洋经济圈面向东盟十国，中国—中南半岛经济走廊是其重要组成部分。

2.1.3.3 推进中国—中南半岛经济走廊建设的方向

综合上述分析，本书认为中国—中南半岛经济走廊建设是一个"既要遵循经济走廊演化规律，又要符合'一带一路'倡议功能定位，还要结合其自身特点、所处区域基础条件、沿线国家合作需求及国别潜力差异而具体施策"的过程。也就是说，中国—中南半岛经济走廊的建设在从基础设施建设到贸易、投资、产业集群再到区域生产网络形成的动态演进过程中，也有着自身重点关注的领域以及努力的方向。

首先，基于中国—中南半岛经济走廊在"一带一路"倡议中的独特定位，其建设就要沿公路、铁路、航道、航空网、油气管道、通信等各类基础设施，建成并完善沿线基础设施走廊，更大程度地实现以点带面、从线到片、纵横交错、贯通四方的基础设施网络，这是推进中国—中南半岛经济走廊建设的第一要务。其次，根据中国—中南半岛经济走廊所处区域的资源禀赋、沿线国家合作需求及国别潜力，在基础设施互联互通的基础上，中国—中南半岛经济走廊沿线各国还要进一步扩大贸易投资规模，提升经贸合作层次和水平，构建以中国为主导的跨国生产网络和差别化的国际产能合作路径，打造"一带一路"国际产能合作示范区，这是推进中国—中南半岛经济走廊建设的核心任务。最后，根据国家顶层设计规划，推进中国—中南半岛经济走廊的建设还要实现完善与优化沿线国家重要港口与城市布局，强化各大港口航运与资源集聚功能，发展临港工业区，实现"陆海联动"，这是国家委以中国—中南半岛经济走廊建设的重要命题。

综合上述分析，本书推进中国—中南半岛经济走廊建设的方向就在于：进一步建成与完善中国经云南、广西等西南省区出境连通中南半岛七国的公路、铁路、航道、航空网、油气管道、通信等各类基础设施，打造纵横交错、贯通四方的立体基础设施网络；在此基础上，完善与优化走廊沿线国家重要节点港口和重要节点城市的布局，强化各大港口航运与资源集聚功能，发展临港工业区，实现"陆海联动"，同时全面展开贸易投资与产业合作，改善贸易结构，扩大投资规模，提升中国与中南半岛国家的经贸合作层次与水平，并依托中国广大的市场优势，将中国优质富余产能的加工制造环节梯度转移到中南半岛发展相对落后的国家，并加强与中南半岛较发达的国家在关键零部件制造和中高端消费品、资本品的研发设计，形成以中国为中心枢纽的"中国—中南半岛新雁阵模式"，构建跨国生产网络与差别化的国际产能合作路径，形成优势互补、区域分工、共同发展的区域经济体，将其打造成为"一带一路"国家产能合作示范区。

2.2 理论基础

2.2.1 次区域合作理论

2.2.1.1 次区域合作理论的缘起与发展

二战后，世界各国对经济发展有着迫切的需求，为了充分发挥各自优势、实现更有效的资源配置，北美自贸区、欧盟等区域合作大量兴起。在意识到区域合作的重要性后，东南亚地区也开始了区域合作进程。客观现实却是，区域合作的排他性导致非成员国面临进入壁垒，而且区域合作对政治关系、经济发展程度等要求较高，甚至需要参与国让渡一定的国家主权，这在战后缺乏互信的亚洲是难以实现的，再加上东南亚地区的政治制度、历史文化、宗教民族矛盾以及复杂的大国关系，以地区一体化为导向的区域合作并不现实。但各国经济发展的迫切需求以及边境地带地缘的天然黏合力又催生着合作的出现，于是在这些暂时还难以进行区域合作的地区，就出现了次区域经济合作，最典型的莫过于新加坡、马来西亚和印尼率先以"新柔廖增长三角"探寻开展经济合作的可行性。"新柔廖增长三角"是通过资源互补获得经济利益的一个成功案例，借助这一概念，东南亚及东亚地区的次区域经济合作模式探索得到了极大鼓舞，"东盟北增长三角""东盟东增长三角""图们江次区域经济合作""大湄公河次区域经济合作"等陆续被提出并付诸实践。随着次区域经济合作的不断深入，经济合作对非经济合作产生引致需求，也就是说，不断深入的次区域经济合作带来丰厚经济利益的同时又导致非传统安全受到挑战，非传统安全因素就成为影响次区域合作顺利进行的关键（黎尔平，2006）[109]，为了获得持续稳定的经济增长以达到次区域合作效益的最大化，国家间开始展开非经济方面的合作，次区域合作内容由经济合作转化为经济与非经济同时合作，相关研究也出现了转向，例如，刘稚（2009）指出阻碍大湄公河次区域经济合作的障碍除了亚洲金融危机冲击、各方利益难以协调和经济全球化的挑战外，地缘政治、体制、生态环境等因素也产生着不同程度的影响[110]。因此，大湄公河次区域经济合作开始涉及生态环境保护、文化教育等领域，逐渐形成更全面的合作格局，"次区域合作"开始更多地被使用。

2.2.1.2　次区域合作理论的基本框架

由于不同学者对"区域"的理解不同，在早期的区位理论中，几乎任何一个地区都能在不同的语境中被定义为"次区域"。就区域而言，它没有严格限定的边界范畴和确切的方位，其地理边界可以根据不同的目的来划分。而次区域指的是在地理空间范围内比区域小，或许只是包括区域内一个国家或者国家部分范围的地区，例如，若把东亚看作一个区域，那么东北亚或东南亚则为次区域。可见，在该认知框架下的"区域"和"次区域"的概念是相对的，并非天然给定或固定不变，"次区域"可由任一作者所自由定义的"区域"来界定。纵然这有一定的合理性，但这就很难看出"区域"与"次区域"的本质区别。鉴于此，学界进行了更深入的剖析，亚洲发展银行将"次区域"定义为"精心界定的、由三个或三个以上国家（或地区）组成的地理毗邻的跨境经济区"；也有学者提出"次区域"是基于合作而形成的地理上相邻国家间的部分地区；在柳思思（2014）、Hamanaka（2015）看来，所谓次区域，指的是在国家（或地区）间的某一"自然边界"内，根据政治逻辑对空间进行重新组织，通过增进其辐射能力和可达性促使边境地区由一国（或地区）内部的边缘地带向具备发展潜力的核心区域转变[111][112]。总而言之，地理范围上的次区域是相对于区域的地域单位，而国家制度安排下的"次区域"是由各行政单位中的一部分相邻地区组成的地域。

基于以上对"次区域"的界定，次区域合作就是"毗邻或是邻近的国家（或地区）之间的边境省份或国家，为了实现经济的发展，在边境区域精心界定的较小范围内所开展的经济合作与非经济的合作"。其中，经济合作是相互合作的国家借助"地缘优势"或"比较优势"来促进外向型的贸易与投资，旨在促进生产要素在次区域范围内的自由化流动，从而提高资源配置效率和生产效率，包括贸易、投资、产业等方面的合作；非经济合作是在次区域范围内为稳定边境安全而展开的合作，主要包括传统安全合作（如军事合作、政治同盟）和非传统安全合作（如环境保护、文化教育等）。在次区域内，相互作用、彼此影响的经济合作与非经济合作构成了一个不可分割的整体。与区域合作、次区域经济合作相比，次区域合作主要有以下四个特征：

其一，参与主体的地缘临近性及地方性。次区域合作是围绕边境接壤或邻近的国家（或地区）所建立的由政府部门、非政府机构、私营企业等参与的多元伙伴关系，主要参与主体为地方政府，中央政府、企业、国际组织也是推动合作的力量。可见，次区域合作的主体具有地缘邻近性且多为地方政府，它更多地关注边境地区或省份的经济效益。

其二，合作内容的广泛性和多元性。次区域合作不同于以经济合作为主的次区域经济合作，因为随着经济合作的日益紧密与深化，参与各方在谋求经济利益的同时也需要更多地兼顾边界地区在维护国家安全等方面的作用，加强非经济方面的合作非常必要。可以这么说，次区域合作是次区域经济合作的演化与升级。

其三，合作形式的开放性和弱机制性。区域合作的主体为基于地缘的多国联合体，强调成立中央协调联络机构来处理多国的经济社会事务，这种合作模式依赖于核心成员国的整体参与，并要求一定的主权让渡，这意味着参与国在某些领域将受控于超国家机构，对非成员国存在一定程度的歧视，规范性与机制化特征明显。相比之下，次区域合作非但不歧视非成员方，反而鼓励其他国家或地区参与其中，对参与方要求主权或制度成本低，对超国家机构管理依赖也不强烈，具有明显的包容性、开放性和灵活性。

其四，合作目标的非一致性和多样性。在次区域合作中，参与各方既有着共同的利益，也有着不同的侧重与诉求。例如，小国或经济实力较弱的国家大多是为了经济利益而参与次区域合作，对于非经济利益，它们不太关注或者根本不关注。对于大国或经济实力较强的国家来说，它们参与次区域合作的目的更多的是配合国家外交布局和维护边界安全以获取更大的经济利益，它们对非经济利益的诉求更大。次区域合作就在参与各方目标非一致性和多样性的博弈中实现了发展。

2.2.1.3　次区域合作理论辨析及其在本书中的运用

（1）次区域理论辨析

地缘空间作用理论指出，合作强度随着空间距离的扩展而逐渐衰弱，由此可以推出，处于边界两侧的地域单元因为空间上临近，所以合作强度较大，而随着空间范围的向外延伸合作强度又会逐渐减弱。因此，次区域合作比区域合作更易取得成效。这种成效又归因于次区域合作具备更突出的地缘优势、经济梯度转移互补优势和跨境要素流通优势：①边界区两侧具有地缘整体性和延展性，还有相同的自然人文圈，具备开展合作的便利条件，有效降低了跨境合作成本；②不同国家（或地区）处于不同的经济发展梯度，所具备的资源禀赋也有所差异，作为过渡层和联系纽带，边界地区就在很大程度上促使不同国家（或地区）实现了经济互补；③核心城市群的发展必然催生"扩大过境"的诉求，边境地区凭借其地理区位往往就成为各国扩大过境进行经济联系的重要渠道，它使要素的跨边界流动成为可能。与此同时，次区域合作注重灵活性，不规定统一的制度形式，对参与方的制度硬性要求与超国家及机构管理依赖并不强烈，不需要各国变动行政区划和管理制度，合作门槛较低。可以说，次区域合作更注重在中微观层面的政策推进，它以"务实的做法"发挥更具针对性的作用。

近年来，次区域合作理论越来越强调一个观点，即"次区域合作的成功与否一定程度上有赖于是否有关键角色的推动"。例如，很多学者在对大湄公河次区域合作进行回顾与总结时发现，作为大湄公河次区域合作的倡导者和主要协调人，亚洲开发银行一直以来都积极地负责筹措各类资金和提供各种技术帮助，显然，大湄公河次区域合作前期所取得的成功离不开亚洲开发银行的巨大贡献，而大湄公河次区域合作近年来发展的停滞一定程度上就归因于主导角色的缺位——亚洲开发银行日益显现出推动能力与意愿的不足，综合实力不断提升的中国却一直未能在合作中发挥区域大国的作用。早在1978年，美国经济学家奥尔森就已经用大量的证据证明，在各种多边组织中，大国必须更多地承担起单边地向成员国（或地区）提供公共利益和公共产品的责任。受此启发，樊勇明（2008）、刘晓伟（2019）将区域合作和次区域合作视为区域性公共产品，并认为在区域公共产品供给与合作中，大国发挥着关键作用，它们因为具备较强的实力而能够提供更优质的区域性公共产品，也有能力对区域性公共产品的国际合作进行引领、促进、扩大以及深化，所以对于次区域合作而言，促进合作、承担公共产品供给的"关键行为体"的存在就尤为关键[113][114]。全毅和尹竹（2017）、盛玉雪和王玉主（2018）也认为虽然区域性公共产品产生于集体需求，但大国需要主动承担供给职责，在中国与东南亚地区的合作中，迈向全球大国之路需要中国成为生产和提供区域性公共产品的主力军，承担起提供次区域"公共产品"的责任[115][116]。

（2）次区域合作理论在本书中的运用

由前文的概念界定可知，"经济走廊"是围绕基础设施通道而开展的经济活动，是一种促使区域内的核心节点得以连接，从而实现由点到线、从线到面的多层次经济合作模式。"跨境经济走廊"则是两国或多国基于资源禀赋、地理环境、人文条件、经济差异等的综合考量，在部分相邻地区通过基础设施的互联互通而形成要素自由流动、产业互补发展、比较优势充分发挥的特殊区域，并通过该区域的发展带动相关国家实现互利共赢。由于涉及不同国家间利益的平衡，跨境经济走廊的建设需要以经济依存、区域合作等保障为前提，并通过务实合作的有效推进将经济效益逐步拓展到其他非经济领域，这就与既强调经济合作又注重非经济合作的次区域合作内涵高度契合。可以这么说，跨境经济走廊建设就是典型的次区域合作，因为次区域合作本质上是促使各种要素在一定范围内实现自由流通，进而提升资源配置效率与生产效率，最终通过优势互补实现更宽领域的共同发展。同样地，跨境经济走廊建设也旨在将地理邻近、经济互补的优势转化为更宽领域的合作，最终实现互利共赢、共同发展。时任国家总理李克强在2014年和2015年《政府工作报告》中也特别提到，"一带一路"经济走廊属于次区域合作的范畴。此外，在新的发展形势下，"大国推动"正在成为次区域合作的重点关注，而这也恰恰也是"一带一路"经济走廊建设的关键所在。也就是说，在"一带一路"经济走廊的建设过程中，如果缺少中国这个倡议发起国以及区域内关键大国的主导和引领，它就会变得不可持续；而中国的国家利益也将越发取决于它所提供的公共产品的数量和质量，没有责任的利益也是难以为继的。鉴于次区域合作理论与经济走廊建设内容之间有着高度的契合，本书就选取次区域合作理论作为推进中国—中南半岛经济走廊建设的指导理论。

2.2.2　经济增长相关理论

经济增长理论是经济学的一个重要分支，是分析研究经济增长影响因素及规律的重要理论，这一理论的发展由"古典经济增长理论"发展到当今的"新经济增长理论"，在不同阶段经济增长理论都有对基础设施建设的探讨，因而经济增长理论就可以为研究基础设施建设和经济增长提供基础理论支持。因此，对于研究"加强基础设施建设是否可以推进中国—中南半岛经济走廊建设"，本书就选取经济增长相关理论作为分析工具。

2.2.2.1　古典经济增长理论

古典经济增长理论认为，"资本积累是影响经济增长的主要因素"，亚当·斯密在《国富论》中进一步指出，"良好的公路、港口、桥梁等公共设施能有效促进资本积累，促进经济的增长"。受限于研究方法和工具，古典经济增长理论的研究没能将数量模型引入其中，因此，该理论对"基础设施建设促进经济增长"的研究停留在定性分析层面。

2.2.2.2 新古典经济增长理论

新古典经济增长理论极为重视基础设施与经济增长的关系，阿罗（Arrow）和库尔兹（Kurz）将基础设施视为生产性要素，并将其引入了总量生产函数，其具体形式为

$$Y = AF(K,L,I(G)) \tag{2-1}$$

在式（2-1）中，Y表示总产出，A表示全要素生产率，K表示资本投入，L表示劳动投入，G表示基础设施存量，$I(G)$表示中间品投入。通过该式可知，新古典经济增长理论认为资本要素、劳动要素的流动与交换是影响经济增长的重要因素，而基础设施水平在很大程度上影响着资本要素、劳动要素的流动与交换，因此，基础设施对其他生产要素的生产率就有着重要的影响，进而影响经济增长。以罗丹（Rodan）、赫希曼（Hirschman）、罗斯托（Rostow）为代表的发展经济学家一致认为"基础设施是社会先行资本，对一个国家特别是发展中国家的经济增长有着非常重要的作用"。

2.2.2.3 新经济增长理论

由于新古典经济增长理论将技术进步因素设定为经济长期增长中的外生变量，忽略了技术进步对生产要素边际效益递减规律的减缓作用，降低了该理论对经济长期增长源泉的解释力，学者们通过内生增长模型从理论上支持了基础设施存在着对经济增长的正外部性，新古典经济增长理论也就逐渐被新经济增长理论取代。新经济增长理论在经济增长的分析框架中引入了"技术创新"和"外部性"，该理论认为经济增长的动力源自系统内部，所以，技术进步也是系统内生因素。罗默（Romer）和卢卡斯（Lucas）将知识积累与人力资本积累纳入生产函数，其中：罗默提出了"知识内生产模型"[117]，该模型视技术进步为影响经济增长的内生变量，指出知识的积累是经济增长的主要源泉；卢卡斯对资本的概念进行了扩展，认为经济增长的真正动力在于人力资本及其外部效应，并指出人力资本具有规模报酬递增效应。新经济理论发展的另一个重要方向是"新熊彼特理论"，该理论以"熊彼特创新理论"为基础，强调技术进步引起的"创造性破坏"作用是推动经济增长的重要动力，并认为只有不断创新才能带来经济量变到质变的发展。巴罗（Barro）以新经济增长理论为基础，将基础设施

存量作为经济变量引入柯布-道格拉斯函数并被视为约束技术进步的限定条件，该函数的具体形式为

$$Y = A(\theta,G)F(K,L) \tag{2-2}$$

在式（2-2）中，Y 表示总产出，A 表示全要素生产率，G 表示基础设施存量，θ 表示其他因素，K 表示资本投入，L 表示劳动投入。在该模型中，基础设施存量对经济增长的促进作用不仅通过简单的直接积累，更多的是通过间接的溢出方式。例如，完善的交通运输网与通信网络可以在很大程度上降低企业的交易成本，继而加快企业生产过程中新技术和新方法的传播速度。因此，基础设施成为促进经济增长的必要条件。

由以上分析可见，古典经济增长理论强调基础设施可以促进资本积累进而带动经济增长；新古典经济增长理论将基础设施变量引入总量生产函数，基础设施对经济的增长效应备受关注；新经济增长理论则深入地分析与论证基础设施存量对生产流动性、其他部门生产效率的影响，基础设施的正外部性开始受到学者的广泛重视，基础设施作为一个附加的资本积累或者潜在的长期增长动力，逐渐成为分析基础设施作为内生动力来源的依据。总之，基础设施可以通过直接效应和间接效应两种作用促进经济增长：一种是基础设施通过提供资本积累促进经济发展，这是基础设施的直接效应；另一种是基础设施的正外部性促进经济发展，即基础设施的间接效应。

2.2.2.4　经济增长相关理论辨析

基于古典经济增长理论和新经济增长理论，基础设施建设不仅是"外生"的投入要素，也是"内生"的公共物品，本书认为基础设施建设经济发展的促进效应可以通过以两条路径实现：一是基础设施建设作为生产性要素投入，其增加能够通过增加直接资本而提高资本存量，促进经济增长；二是基础设施作为准公共物品通过间接溢出效应对经济发展产生正向影响。也就是说，基础设施可以通过直接产出效应和间接溢出效应明显地带动一国的经济发展，而经济发展又是经济走廊建设的最终目标，因此，加强基础设施建设可以促进共建各国的经济发展，进而推进经济走廊建设。在考察基础设施建设影响经济发展的既有研究中，学者们一致认为基础设施建设能提升经济发展水平（Barro，1990[118]；Duggal et al.，1999[119]；刘生龙和胡鞍钢，2010[120]；刘秉镰和刘玉海，2011[121]；欧阳艳艳和张光南，2016[122]），虽然也有研究发现基础设施建设对经济增长的

正向促进作用存在临界点，但就中国—中南半岛经济走廊而言，虽然沿线某些国家的基础设施已处于世界领先水平，但总体发展仍不甚理想，而且有相当数量国家的基础设施成为制约经济增长的瓶颈。因此，对于沿线绝大多数都是发展中新兴经济体的中国—中南半岛经济走廊来说，基础设施建设仍可以显著地推动经济发展。因此，加强基础设施建设可以促进中国—中南半岛经济走廊沿线国家的经济发展，进而推进中国—中南半岛经济走廊建设。本书整理并绘制了基础设施建设推动中国—中南半岛经济走廊建设的理论框架，即"基础设施建设→中国与中南半岛国家经济发展→推进中国—中南半岛经济走廊建设"，如图 2-1 所示。

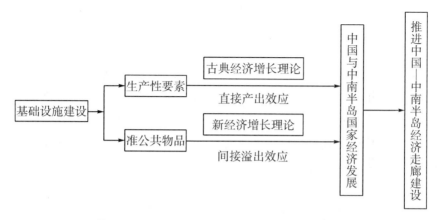

图 2-1　基础设施建设推进中国—中南半岛经济走廊建设作用路径

2.2.3　国际产能合作相关理论

所谓的"国际产能合作"，时任国家总理李克强在 2014 年提出之时做了如下表述："合作国根据自身经济的发展之需，有针对性地引进制造业装备、设备、基础设施等产能，从而实现本国产业经济全面发展"。在夏先良（2015）看来，国际产能合作融合了国际产业转移与对外直接投资，是一种国家间产业互通有无、调剂余缺、优势互补的新型合作模式，根据合作对象的不同可具体分为"与发展中国家合作"和"与发达国家合作"两种模式[123]。安宇宏（2015）认为，国际产能合作不仅是产业和产能的输出以及相关贸易的开展，更重要的还在于"帮助合作国发展"，即充分挖掘合作国的比较优势，将产业整体输出至相关合作国家，提升合作国的产业能力，进而构建该国较为完整的工业能力[124]。张洪和梁松（2015）

从共生理论的视角指出,新时期的国际产能合作超越了以往过剩产能的单纯输出与转移的论调,共生成为国际产能合作的关键因素[125]。综合以上分析,本书认为,在"一带一路"倡议框架下,中国提出的国际产能合作涉及贸易投资、产能转移、跨国资源开发、劳务合作、技术转让等多种形式,是国家间产业转移、技术输出、资源优势互补和市场互换的新型合作方式,其核心在于"在通过产业合作实现自身经济发展的同时,也帮助对方实现发展,从而达到共生型的互利共赢"。虽然国际产能合作不等同于传统的产业合作,但是产业合作的相关理论对其依然有着较强的解释力,因此,对于研究"深化国际产能合作是否可以推进中国—中南半岛经济走廊建设",本书就选取产业生命周期理论、产业转移理论作为分析工具。

2.2.3.1 产业生命周期理论

博兹(Bozz)和艾伦(Allen)最早提出了"产业生命周期理论",随后在弗农(Veron)提出的"产品生命周期理论"的基础上逐步发展演化。产业从产生到成长再到衰落的过程与人的生命过程极为相似,"产业生命周期"也因此而得名。由图 2-2 可以看出,产业生命周期一般可以分为初创、成长、成熟和衰退四个阶段:当产业处于初创阶段时,由于市场需求情况不甚明朗,产品处于批量较小的试生产阶段,这一阶段企业的数量也较少,行业平均利润率处于较高的水平;当产业进入成长阶段之后,经过试销的主导产品逐渐为市场所接受,产量逐渐增大,销售额也因此实现了增长,在产业结构中的重要性开始日益体现,企业数量随之增加;当产业进入成熟期之后,技术趋于成熟,市场需求由之前的迅速增加转向缓慢扩大,市场容量呈现出相对稳定的状态;当产业进入衰退阶段之后,由于技术、经济、市场等方面的因素,主导产品群无论是在销售额还是在利润上都呈现出大幅下降的趋势。对于产业生命周期阶段的划分,高强(1987)认为是针对特定的地域而言的,即某产业进入夕阳阶段是针对在某一国(或地区)而言的,但它在另一国(或地区)可能正处于朝阳阶段[126]。在世界工业发展史上,这种产业变迁过程非常普遍,例如,曾经作为英国工业革命时期的新兴产业的棉纺织业,在经过成长、成熟阶段后,在英国已处于衰退阶段,而目前棉纺织业在许多发展中的新兴经济体内却仍是支柱产业。

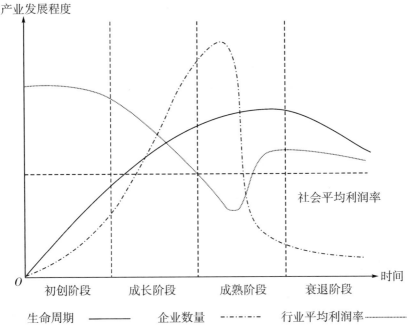

产业发展程度

社会平均利润率

O

时间

初创阶段　　　　成长阶段　　　　成熟阶段　　　　衰退阶段

生命周期 ——————　企业数量 —·—·—·—·—　行业平均利润率 ··········

图 2-2　产业生命周期曲线

2.2.3.2　产业转移理论

早在 1966 年，弗农（Veron）就以美国的产业为对象，研究了发达国家向发展中国家的产业转移进程，提出了包括创新期、成熟期以及标准化期在内的"产品三阶段生命周期观点"。在产品创新阶段，市场竞争更多地表现为技术竞争，而高水平的科研投入以及根据市场反馈而进行的产品调整，决定了创新阶段的产品生产与消费只能在国内进行。随着产品创新阶段的完成以及消费群体的稳定，产品逐渐由创新期进入大规模生产的成熟期，此时的产品设计趋于完善，生产的标准化工艺逐渐确立；伴随着生产技术普及和产品标准定型，产品就开始由技术密集型转向劳动密集型，在这一阶段，劳动力素质的要求也随之降低，拥有劳动力成本优势的发展中国家逐渐成为发达国家转移优势产业并进行专业化生产的目的地，生产的产品最后又返销回发达国家。在弗农看来，国家间的产业转移是产业生命周期发展到特定阶段的产物，发达国家可以遵循这一规律弥补它们某些产业的比较劣势，同时也能为发展中国家带来经济利益。小岛清（1962）将弗农的产业生命周期理论与李嘉图的比较优势结合，提出"产业转移理论"，试图从产业结构升级的视角去研究如何进行产业转移才能更好地促进经济发展。其核心观点是：发达国家应首先考虑将本国处于或即将处于劣势的产业外输，这既可以助力本国产业结构的优化升级，也有利于承接国调整产业结构，带动双方社会福利的改进[127]。

2.2.3.3　产业合作相关理论辨析

传统产业生命周期理论认为，产业的发展一般要经历初创阶段、成长阶段、成熟阶段和衰退阶段，但笔者认为，如果能受到较好的政策刺激或是得到良好的市场引导，进入衰退期的产业还能再次进入成长期，本书将这一阶段命名为"再生阶段"。由图2-3中可以清晰地看到，本书将产业生命周期被分为新兴、成熟、瓶颈和再生四个阶段：①新兴阶段（$O \sim t_1$）包括了传统产业周期中的初创期和成长期，这一阶段的产业发展迅速，需要大量研发投入，生产效率在显著提升，但这一阶段产业的资源禀赋较为薄弱，不具备对外投资贸易的优势；②成熟阶段（$t_1 \sim t_2$）即传统产业中的成熟期，这一阶段产业进入了相对稳定的增长期，产业渐成规模并逐渐具备一定的市场势力，生产效率也趋于稳定，由于规模经济效应和市场竞争优势的实现，产业的资源禀赋也在稳步提升，产业需要持续的研发投入以保持市场竞争力，但由于产业技术水平不断趋于成熟，研发创新力度较之于新兴阶段会相对放缓；③在瓶颈阶段（$t_2 \sim t_3$），产业出现了大量过剩产能，生产效率逐渐下降，面临日益严重的发展瓶颈，此时产业继续技术变革，而由于盈利能力低下、融资渠道匮乏，研发投入力不从心，研发创新水平不断降低，但受益于前期的长期积累，产业的资源禀赋相对充足，在国际上依旧具备一定的比较优势；④如果产业在瓶颈阶段受到了较好的政策刺激或得到良好的市场引导，如国家引导进行国际产能合作，实现优质富余产能的消化和转移，产业内企业的生产效率有可能会逐步回升，从而进入再生阶段（t_3之后）。本书认为，产业突破发展瓶颈进入再生阶段的关键在于两方面，一是向低梯度国家的产业转移实现再生产，二是向高梯度国家寻求合作引导技术创新。

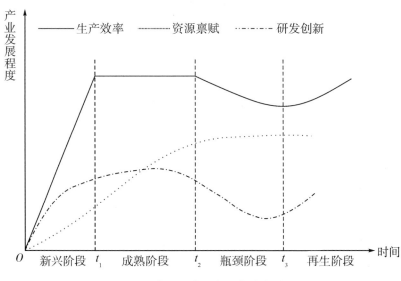

图 2-3　产业生命周期及各阶段特征

根据以上对传统产业生命周期的扩展，本书将产业进一步划分为新兴产业、成熟产业和瓶颈产业。在国际产能合作中，中国—中南半岛经济走廊沿线国家不同类型的产业可以依赖不同的路径实现发展。新兴产业虽然发展潜力巨大，但由于资源、技术和管理经验的缺乏，产品并不具备竞争优势，难以通过"顺梯度"投资来实现发展；相反，新兴产业能够通过"逆向转移"机制与发达经济体技术产业的研发合作以提升产业的研发创新水平，实现产业发展。成熟产业的发展一般会面临两个问题，一是如何提高技术能力，二是如何拓展市场势力。对于如何提高技术能力，在国际产能合作的推动下，成熟产业可以通过对发达经济体进行"逆梯度"投资吸收先进技术，激发企业的技术潜力；对于如何拓展市场势力，在国际产能合作的推动下，成熟产业可以通过"顺梯度"投资将市场延伸至发展水平相对较低的经济体，以成本优势占据潜力巨大的发展中新兴经济体的市场空间。也就是说，在国际产能合作中，成熟产业可以通过"顺梯度"投资和"逆梯度"投资实现发展。由于瓶颈产业产能盈余，其供需严重失衡，技术水平亟待突破，但又受限于研发资金的缺乏，按传统产业生命周期的发展规律，该类型产业会逐渐衰退并退出市场，而国际产能合作就为该类型产业的再生提供了机会：一方面，在国际产能合作的稳步推进下，瓶颈产业可以通过"顺梯度"投资将优质富余产能转移至低梯度经济体，获取可观的交换机制，为产业研发创新提供资金支持；另一方面，瓶颈产业可以在国际产能合作的引导下对发达经济体进行"逆梯度"投资，吸收高端技术经验提高研发创新水平。与成熟产业类似，瓶颈产业也可以通过"顺梯度"投资与"逆梯度"投资实现再生乃至发展。因此，深化国际产能合作可以促进中国与中南半岛国家新兴产业、成熟产业和瓶颈产业的发展，产业的发展又将直接带动经济发展，进而推进中国—中南半岛经济走廊建设。

基于以上分析，本书整理绘制了国际产能合作推进中国—中南半岛经济走廊建设的理论框架，即"国际产能合作→中国与中南半岛国家产业发展→中国与中南半岛国家经济发展→中国—中南半岛经济走廊建设"，如图 2-4 所示。

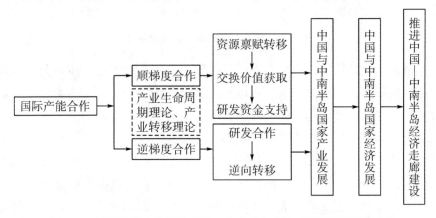

图 2-4　国际产能合作推进中国—中南半岛经济走廊建设作用路径

2.3　理论框架及核心问题

按照前文对次区域合作理论的分析，次区域合作本质上是促使各种要素在精心界定的较小范围内实现自由流通，进而提升资源配置效率与生产效率，最终通过优势互补实现次区域范围内更宽领域的互利共赢、共同发展。由此可见，各种要素的自由流通是次区域合作的根本前提保障，优势互补的合作是次区域合作的重要核心内容，这就有赖于各类基础设施的建成与完善，以及包括贸易、投资、产业合作等的开展，这是次区域范围内经济方面的合作。随着经济领域合作的不断深入，它在带来丰厚经济利益的同时又导致非传统安全受到挑战，经济合作开始对非经济合作产生引致需求，非经济因素逐渐成为影响次区域合作顺利进行的重要因素，也因此，为了获得持续稳定的经济增长以达到次区域合作效益最大化，非经济方面的合作开始开展起来。近年来，次区域合作还越来越强调"关键角色的推动作用"，也就是在新的发展形势下，次区域合作日益关注次区域范围内的大国作用的发挥，"大国推动"正在成为次区域合作的重要关注点。

再根据前文对经济走廊所做的界定，提升区域通达程度的基础设施通道是其物理形态，跨区域经济合作是其本质特征，非经济领域的合作也逐渐成为其重要构成，由此可见，经济走廊的基本要素构成包括综合基础设施通道、跨境产业合作和命运共同体平台。在这三个基本构成要素之间，综合基础设施通道以提高地区间连通性为核心内容，是经济走廊的纽带和动脉，是经济走廊的基石载体；互补性产业合作是基于地区间可达性所发展起来的产业合作、投资贸易等经济活动的统称，是综合基础设施通道在功能上的进阶；命运共同体平台仍然以综合基础设施通道为基本载体，以经济合作为根本前提，突出表现为合作逐步从经济领域向非经济领域扩展与延伸，是经济走廊功能更高阶化的体现。按此分析逻辑，具体到中国—中南半岛经济走廊来看，该走廊的建设旨在将中国与中南半岛国家地理邻近、经济互补的优势转化为双边更宽领域的合作，最终实现走廊沿线国家的互利共赢、共同发展，综合基础设施通道、跨境产业合作和命运共同体平台就是关乎其建设成效的关键因素，而这也正是次区域合作努力的方向。更为重要的是，在中国—中南半岛经济走廊的建设过程中，如果缺少中国这个倡议提出国以及区域大国的主导和引领，它就会变得不可持续，这就说明了，"大国推动"也是中国—中南半岛经济走廊建设能否取得成效的重要变量。

综合以上分析，次区域合作理论与中国—中南半岛经济走廊建设内容之间有着高度的契合，因此，对于中国—中南半岛经济走廊的总体建设，本书就采用次区域合作理论作为基础支撑理论。而具体到中国—中南半岛经济走廊建设过程中的基础设施建设和国际产能合作，本书分别采用经济增长相关理论和国际产能合作相关理论作为指导理论。在理论阐释的基础上，本书进一步整理并绘制了推进中国—中南半岛经济走廊建设的理论框架，如图2-5所示，从该理论框架可以清晰地看到：就其本质而言，中国

—中南半岛经济走廊的建设实为一项在中国与中南半岛之间展开的次区域合作，该走廊的建设成效等同于该次区域合作成效，而成效的获得主要有赖于中国与中南半岛国家之间各类基础设施的互联互通、国际产能合作持续有效的开展、高效合作机制的构建。与此同时，作为该次区域范围内的大国，中国能否发挥更积极的作用也在很大程度上影响着这一次区域合作的成效。概括而言，次区域合作成效有赖于基础设施的建设、产业合作的开展以及大国作用的发挥。由前文对基础设施建设和国际产能合作推进中国—中南半岛经济走廊建设的作用路径的剖析发现，"加强基础设施建设推进中国—中南半岛经济走廊建设""深化国际产能合作推进中国—中南半岛经济走廊建设"在理论上均是成立的。因此，对于推进中国—中南半岛经济走廊建设路径的探索，本书接下来要重点探讨的问题就主要集中在三个方面：一是中国—中南半岛经济走廊是否具备加强基础设施建设的需求与必要性；二是中国—中南半岛经济走廊是否具备深化国际产能合作的潜在需求；三是在中国—中南半岛经济走廊建设的过程中，中国这个次区域大国是否具备发挥更多积极作用的能力。

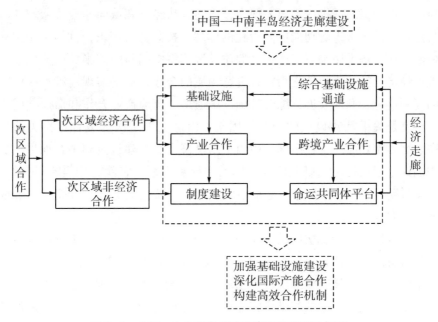

图2-5　中国—中南半岛经济走廊建设的理论框架

3 中国—中南半岛经济走廊建设的现实考察

　　建设中国—中南半岛经济走廊的倡议从提出以来，历经了"理论—框架—规划—实施"的逐层推进。随着顶层设计、推进措施和保障体系的陆续建立，中国以"中国—东盟博览会""中国—东盟商务与投资峰会""中国—东盟自贸区建设""大湄公河次区域合作""泛北部湾经济合作""澜沧江—湄公河合作"等平台为依托，不断深化与中南半岛国家在政治、经济、文化等领域的合作。特别是"一带一路"倡议将建设中国—中南半岛经济走廊的任务进一步明确后，中国更是秉持"五通"理念，与中南半岛国家展开了全方位的合作。为了对中国—中南半岛经济走廊的建设现状进行全面的分析与考察，以期为推进中国—中南半岛经济走廊建设寻找现实依据，笔者于2016—2018年期间先后对印尼、新加坡、缅甸、泰国、马来西亚等中南半岛或东盟国家进行了实地调研，与当地智库、企业、媒体等机构的专家、学者及工作人员以访谈或座谈的方式进行了交流，获得了大量与中国—中南半岛经济走廊建设情况、中国—中南半岛经济走廊沿线国家国别情况相关的基础数据信息与文字资料。与此同时，笔者还运用世界银行数据库、全球宏观数据库、万德数据库、联合国贸发数据库等数据库的数据，对中南半岛国家国别情况、中国—中南半岛经济走廊建设情况进行了补充。本章将基于实地调研资料以及相关数据库数据，对中国—中南半岛经济走廊的建设情况进行现实考察与分析。

3.1 中国—中南半岛经济走廊建设现状

3.1.1 基础设施建设状况

3.1.1.1 交通基础设施

（1）交通基础设施连通整体情况

随着中国—中南半岛经济走廊建设的全面推进，中国与中南半岛的交通基础设施连通取得了重大突破，首先体现为中国与中南半岛国家成立了"大湄公河次区域铁路联盟"，横贯中国与中南半岛的国际高速铁路"泛亚高铁"建设取得积极进展。作为"泛亚铁路"的重要组成部分，中老铁路、中泰铁路、中越铁路、中缅铁路等项目相继开工建设，中国与老挝、泰国、越南等国的陆上交通陆续被打通：截至 2019 年 9 月 30 日，中老铁路已完成铁路基础设施工程的 78.2%，共打通 74 条隧道，修好 1 779 个桥墩，铺设完桥盖梁 381 段；2017 年 9 月，中泰两国政府共同签署了铁路建设相关文件，中泰铁路合作项目一期工程正式动工，泰国、中国和老挝在第二届"一带一路"国际合作高峰论坛期间签署了关于中老泰铁路的合作备忘录，泰国政府表示在 2021—2022 年内会促进曼谷至廊开府高铁与老挝高铁接轨，连接中泰高铁从中国昆明途径老挝万象至泰国曼谷；中越铁路中国段已全线开通运营，南宁—河内跨境集装箱直通班列成功双向对开，构建了中越间的物流黄金通道；中缅铁路境内段双线铁路建设已完成总设计量的 90%，目前正在提速，全面推进；中国企业接连中标马来西亚南部铁路、东部沿海铁路等项目，这些项目也将极大地促进泛亚铁路网的建设。

中国与中南半岛交通基础设施的互联互通还体现为多条高等级公路的开工与建成。贯穿中国—中南半岛经济走廊南北的陆上通道已初步建成，中国通向中南半岛的公路大通道中国国内段全部达到高等级及以上公路标准，贯通中国、泰国和老挝的昆曼公路全程高等级公路建成。云南省已开通 24 条中越、中老国际运输线路，昆缅、昆老、昆越高速公路云南境内路段已基本实现了高等级化。与此同时，勐腊—勐满通往老挝的第二条高速公路的建设也顺利启动。南宁—凭祥段高速公路已建成通车，中国和越南率先实现了跨国客运、货运及公务车不换牌照互通直达。

中国与中南半岛交通基础设施互联互通的另一个里程碑项目当属新加坡政府提出的与中国政府共同打造"南向通道"。2018 年 11 月，中国政府与新加坡政府签署了《关于中新（重庆）战略性互联互通示范项目"国际陆海贸易新通道"建设合作的谅解备忘录》，"南向通道"正式被更名为"陆海新通道"①。截至 2019 年年底，"陆海新通道"已经与中欧班列、长江黄金水道联通，初步实现了"一带"与"一路"的衔接，跨境公路、铁路、铁海联运基本实现常态化，目的地覆盖全球 190 个港口。"陆海新通道"不仅能通过海铁联运班列实现与中南半岛沿海国家港口的联通，而且还能够通过边境口岸连接中南半岛内陆地区，未来还将与中泰、中老铁路实现全面对接，中国与中南半岛国家之间的海陆通道得以全面打通，实现中国—中南半岛经济走廊沿线国家真正的互联互通。

此外，在航空方面，中国与中南半岛共同签署《中国与东盟航空合作框架》，开通中国中南西南地区主要城市通往中南半岛主要城市的航线。在此基础上，中国对现有机场功能进行了进一步完善，不断扩大航线网络，与中南半岛现有通用机场初步形成空港群体。中国与很多中南半岛国家还签署了双边政府间的航空运输协定，实现了航权安排的扩大，并朝着与所有中南半岛国家实现直航的目标迈进。在港口航运方面，中国广西、广东及香港等地的港口已经与新加坡、马来西亚、泰国、越南等国的多个港口相互开通了集装箱、散货航运班线，并缔结为友好港口，并建立了中国—东盟港口城市合作网络机制；可全年通航的澜沧江—湄公河国际航运已开通，中国、老挝、缅甸和泰国四国商船可在 897 公里的航道上自由航行和停靠，不征收任何税费，并在办理进出港手续和服务上相互给予优惠；由中国、泰国、老挝和缅甸四国共同商议编制的《澜沧江—湄公河国际航运发展规划》面世，澜沧江—湄公河国际航道二期整治工程进入前期启动阶段。

由此可见，中国—中南半岛经济走廊基础设施互联互通取得积极进展，昆曼公路全线贯通，以中老、中泰、中越、中缅铁路为主要干线的泛亚高铁项目的建设取得重大进展，航空航运合作项目稳步推进，中国与中

---

① "陆海新通道"指在中新（重庆）战略性互联互通示范项目框架下，以重庆为运营中心，以广西、贵州、甘肃等省份为关键节点，中国西部相关省区市与新加坡等东盟国家利用公路、铁路、水运、航空等多种运输方式实现区域联动、国际合作，共同打造的有机衔接"一带一路"的国际陆海贸易新通道。

南半岛海陆空立体交通运输通道初步形成，以高速铁路、高速公路为代表的陆上交通更是呈现出了向高等级发展迈进的蓬勃势头。

（2）交通基础设施建设国别情况

①公路。根据《2017—2018 年全球竞争力报告》公布的数据测算可知，2017 年中国—中南半岛经济走廊沿线国家的公路基础设施质量指数均值为 4.34，其中中国、新加坡、马来西亚、泰国的公路质量较好，老挝、柬埔寨和越南的公路质量较差，如图 3-1 所示。

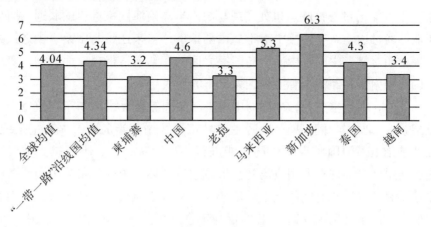

图 3-1　公路基础设施质量指数

从中国—中南半岛经济走廊沿线各国的公路基础设施建设情况来看，中国公路总里程达 484.65 万公里，其中高速公路 14.26 万公里，居世界第一，公路覆盖率近 100%；新加坡国内的公路网络以 10 条快速路为主线，总里程约 3 496 公里，其中高速公路 161 公里，道路连通性得分极高；泰国公路网总里程超过 16 万公里，各府、县之间四通八达，并与周边多国的公路运输系统相互连接；越南各省、县和乡之间均有公路相通，形成扇形辐射网络，总里程约 21 万公里，在建和拟建的高速公路约 6 313 公里，越南约有 40% 的公路路面状况较差，双车道公路少，柏油路面不到 20%，省道和县道几乎为泥土公路；马来西亚公路里程约 14.44 万公里，主要城市、港口和工业区均有高速公路连接，高速公路里程约 1 821 公里；柬埔寨公路总长约 56 261 公里，其中乡村公路占比 77.32%，公路等级较低，只有 20% 的公路为沥青路面，有将近一半的砂石公路甚至碎石路，剩下为泥土路，目前尚无快速路和高速公路；老挝公路总里程约 4.7 万公里，有近 83.12% 均为碎石路与土路，尚未修建高速公路。缅甸公路总长约 41 600

公里，其中25%为碎石路和土路，多地仍未实现公路覆盖（因缅甸部分数据缺失，故未在图中展示）。

②铁路。根据《2017—2018年全球竞争力报告》公布的数据测算可知，2017年中国—中南半岛经济走廊沿线国家铁路基础设施质量指数均值为3.82，其中，新加坡、马来西亚、中国铁路发展较好，泰国、柬埔寨和越南的铁路发展较差，如图3-2所示。

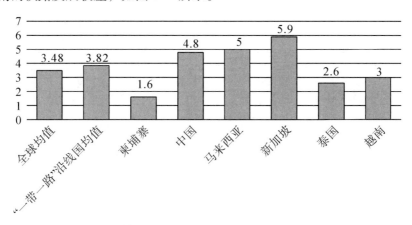

图3-2　铁路基础设施质量指数

从走廊沿线各国的铁路基础设施建设情况来看，中国铁路线路总长为6.75万公里，营业里程达到13.2万公里，形成了一个横贯东西、沟通南北、干支结合的铁路运输网络；在高铁的建设上更是取得了突破性进展，高铁网络全球最长，共计2.9万公里，占据了全球高铁里程的60%。新加坡有一套很发达的地下、地面高速铁路运输系统，总长约228.4公里。泰国铁路网以曼谷为中心，连接全国主要地区，铁路总长约5 327公里，其中有近3 700公里为单线窄轨，铁路系统落后。马来西亚铁路网主要为西海岸线和东海岸线，其中西海岸线连接了主要大城市，是马来西亚铁路的大动脉，相比之下，东海岸线车速缓慢，设施陈旧。越南铁路总里程约2 382公里，铁路密度和人均铁路里程都较低，铁路设备设施落后，大部分为米轨，平均时速不足90公里，铁路客运量占全国客运量的比重不足1%。柬埔寨铁路网总长655公里，均为单线米轨，时速仅为20公里，由于长年战乱破坏及缺乏维护，客运基本停止，货运能力低下。缅甸铁路线路总长约3 798公里，其中大多数为窄轨，存在许多废弃或缺失路段。老挝的铁路建设起步晚且发展缓慢，首条铁路于2008年7月建成通车，然而这条铁路仅有 3 公里，实际运输能力非常弱。

③港口。根据《2017—2018 年全球竞争力报告》公布的数据测算可知，2017 年中国—中南半岛经济走廊沿线国家港口基础设施质量指数均值为 4.38，其中新加坡、中国、马来西亚的港口基础设施发展水平较高，泰国次之，而柬埔寨、越南和老挝的港口基础设施相对落后，如图 3-3 所示。

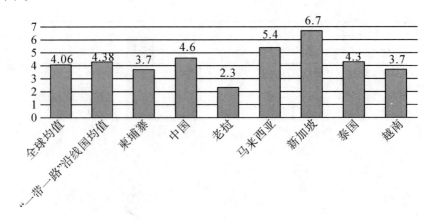

图 3-3　港口基础设施质量指数

港口集装箱货物吞吐量是衡量港口基础设施质量的一个重要指标。在 2018 年全球港口集装箱吞吐量前 120 名的榜单中，中国共有 26 个港口登榜，吞吐总量高达 22 582 万标准箱，上海港位列榜首；新加坡以 3 660 万标准箱位列第二；马来西亚共有 3 个港口登榜，吞吐总量达 2 496 万标准箱，巴生港位列第十三；越南共有 3 个港口登榜，吞吐总量为 1 637 万标准箱，胡志明港位列第二十六；泰国共有 2 个港口登榜，吞吐总量为 1 119 万标准箱，林查班港位列第二十；老挝、柬埔寨、缅甸的港口均未在榜单中。在 2010—2018 年，中国—中南半岛经济走廊沿线国家的港口集装箱吞吐量呈现总体增长的态势，无论是在体量还是在增量上，中国、新加坡、马来西亚、泰国均体现出明显的优势，柬埔寨和缅甸虽然增量表现较好，但在综合实力上仍相对逊色，如表 3-1 所示。

表 3-1 中国—中南半岛经济走廊沿线国家港口集装箱吞吐量

国家	2010 年	2011 年	2012 年	2013 年	2014 年	2015 年	2016 年	2017 年	2018 年
柬埔寨	224 206	224 206	224 206	230 000	342 000	392 000	400 000	644 500	742 100
中国	142 970 010	157 422 311	166 510 601	175 936 351	186 679 051	195 276 751	199 551 751	216 684 000	225 828 900
马来西亚	18 141 919	20 064 456	20 898 133	21 376 500	22 645 237	24 259 700	24 570 000	23 784 100	24 956 000
缅甸	335 346	380 675	474 300	567 165	716 926	827 249	1 026 216	1 120 000	1 288 000
新加坡	29 147 000	30 647 000	32 347 000	33 388 000	34 688 000	31 710 200	32 668 000	33 667 000	36 600 000
泰国	7 553 154	8 302 063	8 413 800	8 890 500	9 420 450	9 522 320	9 940 320	10 732 000	11 185 200
越南	5 968 343	6 530 867	8 361 573	8 966 773	10 188 873	11 478 573	11 853 000	15 325 509	16 374 195

数据来源：UNCTADSTAT：https://unctadstat.unctad.org/wds/TableViewer/tableView.aspx

航线是一个具有方向的矢量指标，其方向性和集中性可以反映一个港口的对外联系程度，因此"班轮联运指数（Liner Shipping Connectivity Index，LSCI）"也是衡量港口基础设施质量的重要指标。从 2019 年中国—中南半岛经济走廊沿线国家的 LSCI 来看，中国以 151.90 位列首位，新加坡以 108.08 次之，马来西亚以 93.80 位居第三，随后是越南（66.51）和泰国（52.92），柬埔寨和缅甸的指数均远远低于 45。具体如表 3-2 所示。柬埔寨、老挝和缅甸的全球海运网络覆盖范围较小，国际通航能力较差。根据历年的 LSCI，中国—中南半岛经济走廊沿线国家的海运水平可以分为三个层次：第一层次是中国和新加坡；第二层次是马来西亚、泰国和越南；第三层次是柬埔寨、缅甸和老挝（因老挝部分数据缺失，故未在表中显示）。

表 3-2　中国—中南半岛经济走廊沿线国家班轮运输连接性指数

国家	2010年	2011年	2012年	2013年	2014年	2015年	2016年	2017年	2018年	2019年
柬埔寨	6.10	5.85	3.62	6.00	5.96	7.57	9.16	9.03	8.35	8.00
中国	121.23	133.02	131.37	129.26	134.80	138.88	141.58	140.08	151.30	151.90
马来西亚	72.29	87.49	88.18	86.69	90.64	92.21	94.79	90.70	93.64	93.80
缅甸	5.85	5.50	6.48	7.14	7.58	9.09	11.28	9.09	9.97	8.47
新加坡	92.45	97.73	98.26	96.22	93.79	100.95	102.48	102.44	110.83	108.08
泰国	40.49	39.27	38.18	39.47	40.91	42.55	44.64	42.37	45.06	52.92
越南	41.25	48.24	47.46	42.14	41.83	48.40	60.06	57.57	60.38	66.51

数据来源：UNCTADSTAT：https：//unctadstat. unctad. org/wds/TableViewer/tableView. aspx？ReportId＝92

④航空。根据《2017—2018 年全球竞争力报告》公布的数据测算可知，中国—中南半岛经济走廊沿线国家航空运输基础设施质量指数均值为 4.86，可供座公里均值高达 4 117.76 百万/周[①]。"一带一路"沿线国均值为 4.75，可供座公里为 1 346.9 百万/周，如图 3-4 所示。由此可见，走廊沿线国家无论是在航空运输基础设施质量指数还是在可供座公里上均超越

---

① 可供座公里（Available Seat Kilometers，ASK）是一个航空公司所有航班上的座位数和平均航线距离的乘积，这是一个体现运力的指标。

全球水平，新加坡、中国、马来西亚和泰国表现出较高的航空基础设施水准，而越南、柬埔寨和老挝的航空基础设施则相对较差。

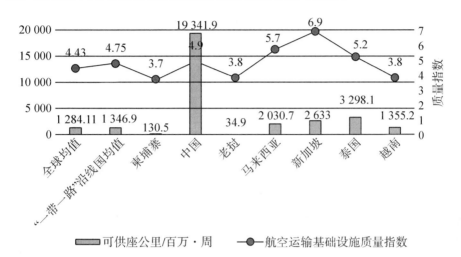

图 3-4　航空运输基础设施质量指数

表 3-3 进一步反映了走廊沿线各国航空运输基础设施的发展情况。截至 2018 年，中国国内年旅客吞吐量千万级机场 37 个，年货邮吞吐量 1 万吨以上的运输机场 52 个，客货运输规模世界第二，定期航班航线总条数达 4 945 条，是区域内绝对的航空大国。新加坡樟宜国际机场作为全球最繁忙的机场之一，100 多家航空公司在此运营通往全球 400 多个城市、每周超过 7 200 班次的航空网络，拥有完善的航运体系及先进的航运技术，是亚太地区重要的国际航运中心。作为东南亚地区重要的空中交通枢纽，泰国共有 38 个机场，国际航线遍布全球，国内航线遍布全国各大城市。马来西亚共有机场 126 个，全国各地间都有航空联系，也是东南亚重要的空中枢纽之一。越南运营的航空港共有 21 个，有 70 多条航线连接世界多个国家和地区，但越南机场严重过载，旅客吞吐量低，航班延误是常态。缅甸共有机场 30 多个，与 20 多个国家和地区建立了直达航线，国内航线基本覆盖了各大城市和知名景区所在地。柬埔寨的航空运输并不发达，国际航线主要集中于辐射周边国家的重要城市。老挝全国仅有 12 个机场，开通了 20 多条航线通往周边国家和地区，老挝全球注册承运航班数仅为全球水平的 0.04%，客运量仅 44 万人次/年。

表 3-3　2018 年中国—中南半岛经济走廊沿线国家航空运输指标

	柬埔寨	中国	老挝	马来西亚	缅甸	新加坡	泰国	越南
注册承运人全球出港量	14 387	4 692 008	10 173	476 733	64 398	208 787	475 886	283 787
航空运输货运量／百万吨·公里$^{-1}$	—	25 256	1.53	1 404	4.74	5 195	2 666	481
航空运输客运量／百万人·公里$^{-1}$	—	611 439 830	1 251 962	60 481 772	3 407 788	40 401 515	76 053 043	47 049 671

注："—"表示数据缺失。

数据来源于世界银行。

3.1.1.2　能源基础设施

（1）能源基础设施连通整体情况

中国与中南半岛的能源基础设施连通发展迅速。中缅天然气管道于 2013 年 9 月 30 日全线贯通，中缅原油管道于 2017 年 4 月正式投入运行。中国与越南、老挝、缅甸的电力能源基础设施建设也在加紧步伐：中国南方电网与缅甸、老挝、越南的电网实现了互联；由中国投资的老挝南塔河一号水电站项目和越南永新燃煤电厂一期 BOT 项目分别完成了总体进度的 94% 和 90%；中老联网项目老挝那磨—勐晖段 500 千伏输变电工程签署了 EPC 框架协议；中缅联网项目中方工作组于 2017 年 10 月正式开展工作；中国与缅甸北克钦邦 230 千伏主干网连通输电工程于 2017 年 11 月正式开工；由东盟能源合作行动计划确定的 8 个电网互联跨境电力传输项目已全部建成；由中国承建的老挝南空 3 号水电站项目于 2018 年 12 月实现引水隧洞全线贯通，老挝南公 1 号水电站项目也进入混凝土面板堆石坝填筑实施阶段。在新能源合作方面，由中国投资的越南国内规模最大的太阳能电池制造项目于 2017 年 1 月正式投产；泰国太阳能屋顶项目、缅甸光伏电站等项目也在持续推进。除此之外，中国与中南半岛国家正围绕"合理开发清洁能源，共建绿色海上丝路"的理念，致力于实现以化石能源为主的能源消费结构转型。

（2）能源基础设施建设的国别情况

根据《2017—2018 年全球竞争力报告》公布的数据测算可知，中国—中南半岛经济走廊沿线国家电力供应质量指数均值为 5.09，其中，新加坡、马来西亚、泰国和中国的供电情况较好，而越南、老挝、柬埔寨的电力供应存在不同程度的问题，如图 3-5 所示。

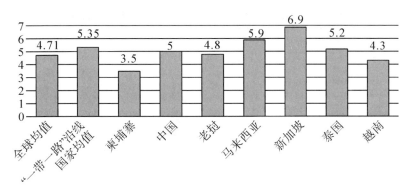

图 3-5　电力供应质量指数

从表 3-4 中发电量和耗电量的差额来看，除柬埔寨和泰国以外，走廊沿线其他国家的发电量基本上能满足本国的电力需求。具体来看，柬埔寨部分城市和大部分农村仍无法保证稳定的电力供应，且当地的电力资费也高于全球平均水平；泰国的电力供应相对充足，但伴随着经济的发展，电力供需矛盾日益显现。虽然数据显示部分国家的电力基本能够实现自给自足，但事实上它们也面临着程度不一的电力缺口问题：越南的发电项目小而分散，再生能源发电效率较低，拉闸限电的情况时有发生，缺电地区占该国总面积的 1/4；缅甸的用电需求逐年递增，电力缺口问题随之凸显，部分地区甚至还存在用不上电的情况。就通电效率而言，中国、马来西亚、新加坡基本上已实现了 100% 通电，而柬埔寨、老挝和缅甸至今尚未实现完全通电，缅甸的通电率仅为 69.82%。从输配电损耗率来看，新加坡、中国和泰国的损耗率较低，说明这三个国家的电网设备完善且发达；而柬埔寨、缅甸和老挝的平均耗损率均超过 20%，通电稳定情况欠佳。在能源体系建设方面，中国是区域内的油气生产大国，建成了西气东送、北煤南运等重大通道，形成了横跨从西、纵贯南北、覆盖全国、连通海外的能源管网，而走廊沿线的其他国家（除马来西亚外）的能源体系较为薄弱，没有良好的工业配套支撑。

表 3-4　中国—中南半岛经济走廊沿线国家电力指标

指标	国家	2010 年	2011 年	2012 年	2013 年	2014 年	2015 年	2016 年	2017 年
发电量/百万千瓦时	柬埔寨	968. 364	1 018. 54	1 423. 1	1 769. 96	3 058. 36	4 489. 27	5 482. 96	6 633. 69
	中国	4 207 200	4 713 000	4 987 600	5 431 600	5 649 600	5 814 600	6 133 200	6 495 100
	老挝	8 448. 56	12 979. 40	12 860. 29	15 505. 20	15 853. 21	16 728. 66	25 066. 23	31 550. 41
	马来西亚	120 100	120 900	127 300	138 300	143 600	147 200	159 300	162 300
	缅甸	8 625. 11	10 425. 03	10 964. 90	12 247. 12	14 156. 30	15 964. 75	17 866. 99	20 055. 32
	新加坡	45 367	45 999	46 936	47 964	49 310	50 272	51 587	52 226
	泰国	157 600	153 300	169 000	168 600	173 800	177 800	179 700	176 600
	越南	91 700	101 500	115 100	124 500	141 300	157 900	174 600	190 100
耗电量/百万千瓦时	柬埔寨	2 228. 15	2 399. 36	2 874. 21	3 380. 96	3 791. 33	4 239. 16	4 660. 11	4 966. 32
	中国	3 713 682	4 178 892	4 435 149	4 845 358	5 066 514	5 251 246	5 564 748	5 934 792
	老挝	2 228. 15	2 399. 36	2 874. 21	3 380. 96	3 791. 33	4 239. 16	4 660. 11	4 966. 32
	马来西亚	116 937	117 544	126 114	133 210	138 938	—	—	—
	缅甸	6 290. 00	7 871. 99	8 021. 00	9 612. 00	11 255. 99			
	新加坡	42 252	43 007	44 201	44 949	46 403	47 514	48 627	49 644
	泰国	155 073	154 195	165 765	171 367	173 752	—	—	—
	越南	89 941	98 008	108 329	115 878	130 573	—	—	—
通电率/%	世界	83. 25	82. 14	84. 83	85. 13	85. 61	86. 80	88. 00	88. 87
	柬埔寨	31. 1	48. 06	51. 44	57. 85	56. 10	69. 03	76. 84	89. 07
	中国	99. 7	99. 88	99. 98	100	100	100	100	100
	老挝	70. 63	70. 00	76. 37	79. 49	83. 09	89. 70	90. 81	93. 6
	马来西亚	99. 22	99. 53	99. 80	99. 94	99. 99	100	100	100
	缅甸	48. 80	53. 81	55. 00	56. 22	52. 00	60. 50	55. 60	69. 82
	新加坡	100	100	100	100	100	100	100	100
	泰国	99. 70	99. 52	99. 19	99. 88	99. 99	99. 60	100	100
	越南	98. 33	99. 00	99. 84	99. 87	99. 20	100	100	100
输配电耗损率/%	世界	8. 26	8. 17	8. 27	8. 20	8. 25	—	—	—
	柬埔寨	28. 77	28. 11	18. 27	28. 07	23. 44	—	—	—
	中国	6. 12	5. 74	5. 81	5. 78	5. 47	—	—	—
	马来西亚	6. 17	9. 35	6. 22	3. 85	5. 80	—	—	—
	缅甸	16. 61	20. 23	25. 26	21. 52	20. 49	—	—	—
	新加坡	2. 86	2. 54	1. 90	2. 30	2. 03	—	—	—
	泰国	6. 35	6. 95	5. 70	6. 07	6. 11	—	—	—
	越南	10. 11	9. 55	9. 11	9. 20	9. 29	—	—	—

注：本表格数据来源于全球宏观数据库、《BP 世界能源统计年鉴 2019》、世界银行数据库。表格中的"—"表示该年份此指标数据缺失。因老挝的部分数据缺失，故在表 3-4 中未展示。

3.1.1.3　通信基础设施

（1）通信基础设施联通整体情况

中国与中南半岛国家加大海陆光缆项目的建设，中国—越南国际光缆的扩容工作基本完成，一系列国际海缆（如"亚太直达""亚非欧1号""南亚中东欧洲5号"）相继竣工投产，"南宁国际局—东兴—越南""南宁国际局—凭祥—越南""南宁国际局—勐腊—老挝""南宁国际局—瑞丽—缅甸"四条国际陆缆已全部开通并投入使用，中国与中南半岛国家之间国际语音和数据通信实现了初步对接。中国与中南半岛在共筑"信息丝绸之路"的倡议下共商共建"中国—东盟信息港"[①]，预计在2018—2025年间投入超过750亿元建设100多个项目，截至2019年年末，已有50多个项目建成并投入运营，在建重点项目为42个。得益于中国—东盟信息港的建设，以广西为支点的中国—东盟信息港辐射和服务中南半岛的能力得以进一步提升。除此之外，中国与中南半岛国家的"门对门"物流便捷通、物联网的互通正在积极讨论建设。

（2）通信基础设施建设的国别情况

根据《2017年"一带一路"五通指数报告》公布的数据，中国与中南半岛国家通信设施得分均值为4.88分，高于"一带一路"沿线国家的平均水平，说明中国与中南半岛国家通信基础设施联通的总体发展情况向好。从具体指标表现来看，中国与中南半岛国家的双边信息和通信技术水平已达到通达程度，但互联网普及率和双边通信基础设施水平就呈现出了明显的两极分化状况，如图3-6所示。

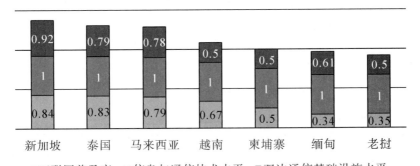

图3-6　中南半岛国家通信基础设施指数

---

①　中国—东盟信息枢纽即以南宁为核心基地、以中马钦州产业园为副中心，在桂林、柳州、梧州、北海等城市打造以人工智能、云计算、大数据为主的信息技术特色园区。

从走廊沿线各国的通信基础设施发展情况来看，中国的通信基础设施实现了跨越式发展，自主创新能力不断提升，建成了全球最大的 4G 网络，并在 5G 的发展中具备全球竞争力。截至 2018 年，中国在网移动电话总数高达 15.7 亿，移动电话普及率达 114.9%，网民规模达 7.7 亿，普及率为 55.29%。根据《2019 年全球竞争力报告》公布的数据显示，中国在通信领域的竞争力排名全球第 18；新加坡将通信基础设施建设纳入提升国家知识型经济层次和国际竞争力的发展战略，提出"智慧国"建设规划，截至 2018 年年底，新加坡固定电话普及率约为 34.16%，移动电话普及率约为 145.71%，互联网普及率约为 88.17%，有望成为世界首个智慧国家；泰国通信基础设施也较为发达，各种形式的电信网络已覆盖全国各地，目前泰国全国互联网的用户数约 3 945 万人，移动、宽带和固定线路的基础设施已覆盖泰国 87% 以上的人口；马来西亚固定电话普及率为 20.41%，移动手机普及率为 134.53%，互联网渗透率为 81.2%，主要的城市都有 3G 覆盖，特定的地区还有 4G 服务，此外，WIFI 基本上涵盖全部大城市，市区郊外的覆盖率还在逐渐提升，马来西亚政府发布了"国家光纤和连接计划（NFCP）"，将投资 10 亿令吉用于国家宽带基础设施建设，计划在未来五年内为农村和偏远地区提供高速的宽带服务；相比之下，越南尚处于通信基础设施发展的早期阶段，大部分指标都低于全球平均水平，虽然固定和移动宽带渗透率以及智能手机渗透率都有所提升，但越南的互联网还主要用于一些基本用途；柬埔寨、老挝和缅甸通信基础设施的发展就更为逊色，安全互联网服务器的数量较少，电话和互联网的渗透率低下，资费偏高的现象普遍存在。

3.1.2 国际产能合作状况

3.1.2.1 国际产能合作增长迅速

（1）中国与中南半岛国家的相互投资增长

2008—2018 年，中国对中南半岛国家的投资从 22.75 亿美元增长至 117.85 亿美元，呈现总体上升趋势，这一上升趋势在 2014 年后表现得更为明显，突破了百亿元大关，说明中国借助中国—中南半岛经济走廊建设的契机，进一步加快了"走进中南半岛国家"的步伐。在同一时期，中南半岛国家对中国的投资从 48.26 亿美元增长至 56.17 亿美元，保持平稳的上升趋势，但与中国对中南半岛国家投资在 2014 年后出现大幅攀升所不同的是，中南半岛国家对中国投资的上升趋势在 2014 年后出现了明显回落，如图 3-7 所示。2018 年，在中国对中南半岛国家的直接投资中，新加坡、马来西亚和老挝排名前三，分别为 64.1 亿美元、16.6 亿美元、12.4 亿美元，中国是柬埔寨、老挝和缅甸的第一大投资国；中国实际利用中南半岛国家外商直接投资 56.17 亿美元，其中新加坡为最主要的来源国，直接投资额为 52.1 亿美元，其次为越南（1.39 亿美元）和马来西亚（2.12 亿美元)[1]。

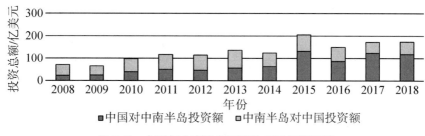

图 3-7　中国与中南半岛国家的相互投资总额

（2）中国与中南半岛国家的贸易往来频繁

①贸易总量。自"一带一路"倡议进一步明确建设中国—中南半岛经济走廊的任务后，中国与中南半岛国家充分利用更广阔的市场、更便利的贸易条件，加强了双方贸易往来。从图 3-8 可见，2008—2018 年，中国与中南半岛国家双边贸易总额呈现平稳上升趋势，由 1 709.47 亿美元增长到 4 527.78 亿美元[2]。从进出口角度来看，中国对中南半岛国家的出口逐年扩大，进口则相对平稳。从贸易平衡的角度来看，2008—2009 年双边贸易基本持平；2010—2011 年中国向中南半岛国家的进口额大于出口额，处于贸易逆差；从 2012 年开始，中国对中南半岛国家的进口额小于出口额，处于贸易顺差。

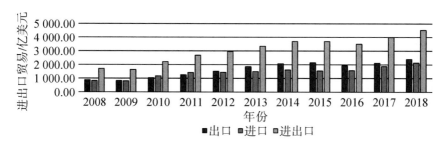

图 3-8　中国与中南半岛国家进出口贸易

① 所有数据均来源于《中国对外直接投资统计公报》，或根据商务部统计数据计算而得。
② 所有数据均来源于 WIND 数据库，或根据相关数据计算所得。

②贸易结构。根据 UN Comtrade 对商品的 SITC/ Rev. 3 标准分类, 表 3-5 展示了 2008—2018 年中国与中南半岛国家进出口产品的构成情况: 中国向中南半岛国家主要进口初级产品和资本或技术密集型产品, 但这两类产品的进口比重呈现不断下降的趋势, 而劳动密集型产品和其他类型的产品的进口比重逐年上升; 中国向中南半岛国家主要出口资本或技术密集型产品以及劳动密集型产品, 出口初级产品的比重较低, 各类产品的出口比重基本呈现平稳趋势。

表 3-5　中国与中南半岛国家进出口产品构成　　　单位:%

年份	产品类型			
	初级产品	资本或技术密集型产品	劳动密集型产品	其他
中国向中南半岛国家进口产品构成				
2008	25. 94	64. 57	9. 27	0. 23
2009	24. 12	66. 52	9. 21	0. 15
2010	24. 68	65. 47	9. 75	0. 10
2011	27. 10	62. 39	10. 43	0. 08
2012	25. 53	63. 20	11. 20	0. 07
2013	25. 77	62. 51	11. 64	0. 08
2014	23. 82	57. 09	18. 92	0. 17
2015	21. 75	59. 74	13. 13	5. 38
2016	20. 21	58. 53	12. 87	8. 38
2017	23. 26	56. 90	11. 26	8. 59
2018	21. 33	60. 68	11. 58	6. 41
中国向中南半岛国家出口产品构成				
2008	7. 51	57. 72	34. 68	0. 09
2009	9. 93	58. 38	31. 61	0. 09
2010	10. 56	54. 82	34. 57	0. 05
2011	9. 26	53. 40	37. 10	0. 24
2012	8. 05	50. 22	41. 37	0. 36
2013	8. 75	47. 36	43. 74	1. 48
2014	8. 85	46. 70	44. 38	0. 07
2015	8. 41	47. 99	43. 40	0. 21
2016	9. 73	47. 98	41. 44	0. 85
2017	10. 33	50. 12	38. 92	0. 64
2018	11. 16	50. 10	38. 26	0. 48

（3）中国在中南半岛国家完成的对外承包工程营业额

中南半岛国家作为中国对外承包工程行业的传统市场，是"早期收获"项目主要集中的地区之一。由表3-6可见，在2008—2018年，中国在中南半岛国家完成营业额翻倍增长，2018年完成营业额达249.395亿美元，约是2008年的4.3倍，中国企业在中南半岛国家完成营业额占东盟和"一带一路"沿线国家完成营业额的比率基本保持在70%和28%左右。

表3-6　中国在中南半岛国家完成对外承包工程营业额

单位：亿美元

国家	2008年	2009年	2010年	2011年	2012年	2013年	2014年	2015年	2016年	2017年	2018年
缅甸	6.828	8.303	13.332	14.468	21.981	12.613	8.186	18.947	19.171	16.141	11.694
柬埔寨	3.598	3.978	6.482	8.253	11.715	14.308	9.653	12.140	16.560	17.637	18.010
老挝	2.253	4.129	5.731	9.892	19.052	19.689	23.277	32.161	29.473	42.289	52.647
马来西亚	7.567	11.540	13.084	21.455	23.731	25.301	31.011	35.623	47.481	81.462	79.648
新加坡	13.205	19.989	22.673	25.278	28.801	28.099	33.761	35.408	37.555	34.371	25.820
泰国	4.824	5.268	4.617	6.685	10.785	13.193	18.362	28.101	29.358	33.838	33.560
越南	19.234	23.711	31.096	31.934	29.976	35.928	39.844	35.232	33.239	28.786	28.017
总量	57.508	76.919	97.014	117.965	146.042	149.131	164.094	197.610	212.837	254.524	249.395

数据来源：WIND数据库。

3.1.2.2　国际产能合作机制增强

从国家的顶层设计来看，作为"一带一路"国际产能合作的全面性顶层设计，《愿景与行动》为中国与中南半岛国家的国际产能合作指明了方向与重点。国务院印发的《关于推进国际产能合作和装备制造合作的指导意见》指出，要坚持以企业为主导，重点发展建材、钢铁、有色金属、铁路、汽车、航空航天、工程机械、电力、化工、轻纺、通信、船舶和海洋工程12大产业，进一步明确了中国与中南半岛国家进行国际产能合作的方式与领域。截至目前，中国政府出台了一系列与国际产能合作相关的政策文件，这些政策文件的出台为中国与中南半岛国家的国际产能合作提供了强有力的政策引导与支撑。

再从产能合作的机制建立情况来看，中国与中南半岛国家目前建立的产能合作机制主要分为三个层面。第一个层面是国家级双边及多边产能合作机制——由国家发展改革委牵头与中南半岛各国建立了一系列双边或多边产能合作机制；第二个层面是建立中央与地方协同联动机制——为调动地方积极性，国家发展改革委与江西、河北等省的省委协同联动，分别签署合作协议，推进各项政策落地实施；第三个层面是建立央企与民企、各类协会协同推进机制——由政府牵头与各行业的专业协会建立协同合作机制，组织推动央企、民企加快"走出去"步伐，进一步推动了中国与中南半岛国家产能合作的全面实施。

目前，中国对外双边产能合作机制正逐步进入正轨，多边产能合作机制的扩展也正在加速进行。在双边层面上，中国与越南、老挝、柬埔寨、马来西亚、缅甸5个中南半岛国家签署了国际产能合作协议，如表3-7所示。中国与这些中南半岛国家依托重大工程项目，巩固了双边产能合作机制的基础。在多边层面上，中国积极推动联合签署《中国—东盟产能合作联合声明》《澜沧江—湄公河国家产能合作联合声明》等多边合作重要文件，并力邀其他相关国家加入，携手共推国际产能合作的重大项目的实施，形成了多方共赢的新局面。

表3-7 中国与中南半岛国家的产能合作协议

国家	产能合作协议
柬埔寨	《关于共同推动产能与投资合作重点项目的谅解备忘录》（2016年10月）
老挝	《中老关于促进产能合作与投资合作的谅解备忘录》（2016年5月）
马来西亚	《关于加强产能与投资合作的协定》（2015年11月）
缅甸	《中国商务部与缅甸商务部关于建设中缅边境经济合作区的谅解备忘录》（2017年5月）
越南	《关于促进产能合作的谅解备忘录》（2015年11月）、《关于中越产能合作项目清单的谅解备忘录》（2016年9月）

资料来源：中国政府网站。

3.1.2.3 国际产能合作项目稳步推进

自"一带一路"倡议实施以来，境外经贸合作区以其表现的灵活性、优越性成为中国企业"走出去"、促进本国对外直接投资的新模式，也成为东道国工业化进程的助推器和经济发展的新引擎。2015年中国商务部将境外经贸合作区定位为"一带一路"倡议的重要承接点并加大建设力度，境外经贸合作区逐渐发展为中国与中南半岛国家开展国际产能合作的重要载体。截至2018年年底，中国与中南半岛国家共建境外经贸合作区25个，

其中越南龙江工业园、柬埔寨西哈努克港经济特区、老挝万象赛色塔综合
开发区、泰国泰中罗勇工业园获中国商务部国家级的确认考核，如表3-8
所示。借助境外经贸合作区这一平台载体，海螺水泥、德龙钢铁、信义集
团、北部湾国际港务等企业纷纷在中南半岛国家投资建设钢铁、水泥、玻
璃生产线，伴随着大量企业的入驻及一批重大产业项目落地，这些遍布于
中南半岛的境外经贸合作区正朝着多元化与深层次发展，投资领域也正在
不断向新能源、制造业和高新产业等领域拓展延伸，形成融合度更深、带
动力更强、受益面更广的产业链和价值链。境外经贸合作区的建设促使贸
易、投资、金融等领域实现了进一步的融合，深化了中国与中南半岛国家
的合作，同时也加快了中南半岛国家产业的发展，为当地的经济增长做出
了巨大贡献。

表3-8　中国与中南半岛国家共建的产业园区

国家	园区名称	实施企业
柬埔寨	柬埔寨西哈努克港经济特区	西哈努克港经济特区有限公司
	福隆盛中柬工业园	福建中柬投资有限公司
	柬埔寨山东桑莎（柴桢）经济特区	诸城服装针织进出口有限责任公司
	柬埔寨桔井省斯努经济特区	中启海外（柬埔寨）实业有限公司
	华岳柬埔寨绿色农业产业园	华岳集团有限公司
	柬埔寨齐鲁经济特区	齐鲁（柬埔寨）经济开发有限公司
	柬埔寨—中国热带生态农业合作示范区	海南顶益绿洲生态农业有限公司
泰国	泰中罗勇工业园	华立产业集团有限公司
	中国—东盟北斗科技城	武汉光谷北斗控股集团有限公司
	泰国湖南工业园	邵东隆源贸易有限责任公司
越南	越南龙江工业园	前江投资管理有限责任公司
	越中（海防—深圳）经贸合作区	深越联合投资有限公司
	越南北江省云中工业园区	富华责任有限公司
	越南铃中加工出口区和工业区	中国电气进出口有限公司
	圣力（越南）经贸合作区	圣力（福建）投资发展有限公司

表3-8(续)

国家	园区名称	实施企业
老挝	老挝万象赛色塔综合开发区	云南省海外投资有限公司
	老中甘锰钾盐综合开发区	四川省开元集团有限公司
	老挝—中国现代农业科技示范园	深圳华大基因科技有限公司
	老挝云橡产业园	云南农垦集团
	老挝磨丁经济开发专区	老挝磨丁经济专区开发集团有限公司
马来西亚	马中关丹产业园	广西北部湾东盟投资有限公司
	马来西亚皇京港产业园	中国电建集团、日照港集团等联合体
	江西(马来西亚)现代农业科技产业园	江西省华美食品工业有限公司
缅甸	缅甸皎漂特区工业园	中信集团
	中缅边境经济合作区	中缅政府

资料来源：中国国际贸易促进委员会境外产业园区信息服务平台

3.1.2.4 国际产能合作支撑平台初步建成

中国充分利用政策性银行（如中国国家开发银行、中国进出口银行等）、商业银行（中国建设银行、中国工商银行等）以及相关金融机构（如丝路基金、国际产能合作基金、亚洲基础设施投资银行）的平台支撑作用，通过共同推进"一带一路"国际产能合作框架协议，拓展并创新融资渠道，推动各类金融机构通过多元化方式对国际产能合作项目予以最大力度的支持，使得中国与中南半岛国家的国际产能合作获得资金层面的保障。中国与新加坡、泰国、马来西亚签订了本币互换协议，人民币对新加坡元、泰铢、令吉已实现了在外汇交易中心的直接交易，人民币对瑞尔也实现了在不同银行间市场区域的直接交易，人民币与越南盾、缅币自由兑换试点工作取得实质性突破，中国人民银行在新加坡、曼谷、吉隆坡设立了海外人民币清算行，人民币已被新加坡、泰国、马来西亚、柬埔寨、老挝的中央银行列入官方储备货币。以中国广西和云南为例，全国首家专业跨境服务中心在广西东兴正式挂牌，北部湾港务集团、柳工集团进行跨国公司外汇试点，推出"中国—东盟货币指数"；全国首个中缅货币兑换中心在云南德宏州正式挂牌成立，"瑞丽指数"得以形成，云南省也相继推出了人民币与老挝基普、越南盾、泰铢等挂牌兑换业务。截至2019年年底，中资金融机构在中南半岛各国设立了47家分支机构，其中商业银行设立了 45 家分支机构，中国国家开发银行设立了 2 个代表处；截至 2018 年 12 月，所有中南半岛国家均已加入了由中国筹建的亚洲基础设施投资银行；截至 2019 年年底，"中国—东盟银行联合体"已吸纳 7 家中南半岛成员行①为合作对象，各方代表在第八次联合体理事会议上共同签署了《金融支持中国—东盟命运共同体建设的联合声明》，老挝外贸银行、马来西亚开发银行和缅甸经济银行被列为首批银联体观察员行。

与此同时，中国高度重视与中南半岛国家的金融合作：中国人民银行于 2018 年 12 月牵头印发了《广西壮族自治区建设面向东盟的金融开放门户总体方案》，此方案具有历史性意义，它是我国首个面向周边国家金融开放的金融战略构想；2019 年 8 月，国务院批准了在广西、云南、黑龙江、山东等 6 个省（自治区）设立新的自由贸易试验区，在《中国（广西）自由贸易试验区总体方案》中特别强调"要打造面向东盟的金融开放门户，深化以人民币面向东盟跨区域使用为重点的金融改革"，《中国（云南）自由贸易试验区总体方案》也特别强调"要扩大金融领域对东南亚、南亚地区的开放合作"。中南半岛国家也向中国做出了更高水平金融开放的承诺，中南半岛各国与 2019 年 4 月签署了《东盟金融服务框架协议（AFAS）》下的第八套金融服务协定书，这也表明了中南半岛国家进一步对中国开放金融市场的决心。此外，中国陆续与中南半岛国家的金融监管当局签署了双边监管合作、证券期货监管合作、保险监管谅解合作等一系列谅解备忘录，在银行、证券、保险等领域开展了许多政府层面和部门层面的金融监管合作。以上举措都在很大程度上助推了中国与中南半岛国家的产能合作进程，为双方的产能合作提供了强有力的金融支撑。

3.1.2.5 国际产能合作环境逐步改善

中国与中南半岛国家已经通过共同努力逐步加强了机制建设，逐步改善了国际产能合作的环境。在海关与边境管理方面，为推动中国与中南半岛国家的贸易便利化，广西海关部门着力简化海关检验检疫手续及流程，最大程度地降低通关成本，譬如实行"两国一检"方案。中国企业对外投资过程中所面临的法律及责任风险也在很大程度上得到了规避：截至 2018 年年底，中国已与所有中南半岛国家签署了双边投资协定，中国企业在中南半岛区域的跨国投资及合作就有了法律保障；除此之外，中国还与大部

---

① 中国—东盟银行联合体是由中国组织设立的，其宗旨在于为东盟国家基础设施等项目提供融资及相关金融服务，实现东盟国家的社会和经济发展。

分中南半岛国家签署了避免双重征税协定，旨在达到有效促进人员、资本、技术等经济活动要素在市场中有序流动、优化配置的目的。与此同时，中国积极促成商签标准化合作协议、签证便利化协议等各类合作文件，营造良好的产能合作政策环境。中国与中南半岛国家的国际产能合作取得了突破性进展和成效，例如，中国政府实行简政放权、放管结合改革，据统计，有98%以上的境外投资项目以及95%以上的外商投资项目已实现网上备案管理，企业跨境投融资、对外贸易便利化程度持续提升。

3.1.3 政治互信与合作机制建设状况

3.1.3.1 政治互信不断增强

在建设中国—中南半岛经济走廊的框架下，中国进一步深化与拓展了与中南半岛国家的交流合作，中国国家领导人以出访、参与国际会议等方式加强双边关系，中南半岛各国的国家领导人予以积极回应。中国与越南建立了"领导人特使交流""两党政治局代表年度会晤""双边合作指导委员会"等机制，形成了政策沟通的良好渠道；中泰、中柬、中缅、中新的高层交往频繁，体现了高层首脑对加强双边关系的高度重视，特别是中新两国领导人展开的一系列会面，改善了一度陷入低谷的中新关系。中南半岛国家也大力支持中国的主场外交，例如，2016年9月，老挝、新加坡、泰国等中南半岛国家领导人出席了中国举办的G20峰会；再如，中南半岛国家的首脑均列席参与2017年5月举行的首届"一带一路"国际合作高峰论坛，中南半岛成为参会领导人最集中的地区之一。同时，中国始终将中南半岛各国视为互信、互谅、互利、互助的战略伙伴，坚定发展双边友好合作，截至2019年年底，中国与中南半岛所有国家都建立了伙伴关系，其中，与马来西亚建立了"全面战略伙伴关系"，与新加坡建立了"与时俱进的全方位合作伙伴关系"，与柬埔寨、老挝、缅甸、泰国、越南的关系提升为"全面战略合作伙伴"。中国与中南半岛部分国家的领土争端也得到了有效管控，例如在南海问题上取得了突破，达成历史性的"南海行为准则"框架，并启动了案文磋商，南海问题逐步回归双边磋商与谈判协商解决的正轨，南海形势得以趋缓降温，增进了双边政治互信。

3.1.3.2 合作机制、平台逐渐形成

自20世纪90年代起，我国就借助大湄公河次区域经济等开放合作机制，积极开展与中南半岛国家的合作。1998年召开的大湄公河次区域经济

合作第八次部长会议提出了"要把交通走廊的建设与经济发展结合起来建设经济走廊"的战略构想；2006 年召开首届泛北部湾经济合作论坛提出建设"南新走廊"；2010 年 8 月，第五届泛北部湾经济合作论坛上，泛北部湾相关国家智库机构发布了各方推进南新走廊建设联合倡议；同年 10 月，第三届中国—东盟智库战略对话论坛把南新走廊建设问题列入议题加以讨论；2014 年 9 月，时任中国国务院副总理张高丽在第 11 届中国—东盟博览会与中国—东盟商务与投资峰会上提出积极推动南新走廊建设，在会议期间首次举办南新走廊建设为名的一系列论坛、会议，如第七届中国—东盟智库战略论坛暨首届南新走廊智库峰会、中国—新加坡经济走廊节点城市市长圆桌会，达成了《携手共建南新走廊的南宁共识》和《南宁新走廊节点城市市长圆桌会南宁共识》；2015 年 3 月，随着《愿景与行动》明确提出要在"一带一路"倡议下打造六大经济走廊，中国—中南半岛经济走廊作为单独概念被正式提出；2015 年 9 月，在广西南宁举办的中国—中南半岛经济走廊合作发展圆桌会达成五点共识；2016 年 5 月召开了中国—中南半岛经济走廊发展论坛，此次论坛发布了《中国—中南半岛经济走廊建设倡议书》；2018 年 5 月，第二届中国—中南半岛经济走廊发展论坛达成了"以陆海新通道建设为基本载体，推动走廊沿线国家和省区进一步实现互联互通，进而带动产业合作"的共同愿望。由此可见，在国家层面上，以大湄公河次区域合作、中国—东盟博览会、泛北部湾经济合作、中国—东盟自由贸易区等相关活动为基础，中国—中南半岛经济走廊建立起了涵盖与中国—东盟相关的会议、论坛、合作基地建设在内的一系列合作机制，如中国—东盟自由贸易区论坛、泛北部湾经济合作论坛、中国—东盟智库对话论坛等等。

广西和云南作为中方参与中国—中南半岛经济走廊建设的主要地方主体，也在积极发挥区位优势，努力推动建设地方层面的合作机制与平台载体。近年来，广西分别与越南高平、谅山、广宁、河江等边境省份建立联合工作委员会和联合工作组，每年举行定期会晤，并通过签订备忘录的形式形成机制化安排。为了对"两国双园"开发建设进行统筹推进，中国和马来西亚政府专门组建了中马"两国双园"联合合作理事会，建立了"两国双园"联合协调机制。为加快推动中泰（崇左）产业园建设进程，北部湾经济区和东盟开放合作办公室、广西区工信委、崇左市委、崇左市人民政府与泰国工业部、泰国驻南宁总领事馆等相关部门建立了中泰联合协调机制。云南也与中南半岛国家建立了相关合作机制推动中国—中南半岛经济走廊的建设，如云南—老北、云南—越北、云南—泰北合作工作组、滇缅合作论坛、中国—南亚东南亚智库论坛，等等。

中国—中南半岛经济走廊沿线重要节点城市（如南宁、崇左、凭祥、东兴等）也与沿线国家各地市建立了一些相关合作机制，如《南宁—新加坡经济走廊南宁—崇左经济带发展规划》《中国广西崇左市与柬埔寨拉达那基里省建立国际友好省市谅解备忘录》《中国凭祥—越南同登跨境经济合作区协议书》《中越跨境经济合作区建设框架协议》《中越边境商品交易会、东兴—芒街跨境经济合作协议》等。

3.2　中国—中南半岛经济走廊建设存在的问题与挑战

通过对中国—中南半岛经济走廊建设的现实考察，不难发现，中国—中南半岛经济走廊的建设取得了很多具体的成果，在基础设施建设、国际产能合作、政治互信和合作机制发展方面都取得了有目共睹的成效。然而，作为一项大型跨国项目，中国—中南半岛经济走廊涉及国家众多，面临的情况错综复杂，而经济走廊建设本质上又是集方方面面为一体的深度合作，需要沿线国家之间高度的政治互信、良好的规划对接、有效的合作机制协调、标准兼容，等等。虽然中国—中南半岛经济走廊的建设初见成效，但在实地调研过程中也发现，中国—中南半岛经济走廊的建设依然存在不同程度的问题与困难，如基础设施建设滞后、国际产能合作进展缓慢、合作机制层次较低、政治互信不足，等等，这些都是建设中国—中南半岛经济走廊必须客观认识与理性应对的挑战，也是未来推进中国—中南半岛经济走廊建设的重要着手点。

3.2.1　基础设施连通仍显滞后

由前述分析可知，中国—中南半岛经济走廊基础设施建设虽然已初见成效，但作为一项联通 8 个国家的跨国大型合作，且沿线国家又多为发展中新兴经济体，多数国家基础设施本身严重不足就是客观事实，加上沿线各个国家的经济发展目标不同、基础设施建设规划繁杂、所采用的技术标准不一、制度性壁垒错综复杂，等等，都不同程度地阻碍了中国—中南半岛经济走廊基础设施的互联互通。

3.2.1.1 基础设施建设存在较大缺口，缺乏可持续财力保障

从基础设施建设的现状分析可以看出，柬埔寨、老挝、缅甸、越南的基础设施发展滞后，主要体现为：公路多为泥土路、砂石路，高标准公路比例小，很多地区甚至仍未实现公路覆盖；铁路里程短，轨距标准不一，设施陈旧落后，存在许多废弃或缺失路段；港口集装箱吞吐能力低，海运网络覆盖范围较小，通航能力差，港口基础设施不完善；航空旅客吞吐量低，全球注册承运航班数少；电力供应短缺，输配电损耗率高，能源体系薄弱。在实地调研中，这些国家的政府官员和学者均表示，落后的基础设施已经严重阻碍了当地经济的发展，它们对基础设施建设有着迫切的需求，但是基础设施建设一般前期投资大、工期长，而这些国家均为发展中新兴经济体，特别是柬埔寨、老挝和缅甸还被联合国列入最不发达国家，国家财力有限，对基础设施建设大举投入相当困难。也就是说，很多中南半岛国家的政府财力根本不足以提供基础设施所需资金，即便加上各类发展援助、优惠贷款，也难以覆盖全部基础设施建设的资金需求，就算中国愿意出资兴建部分境外段，但让中国长期全盘承担也极不现实。而且，基础设施建设属于公共产品领域，具有投资成本大、工程量大、建设时间长、维护费用高、投资回报率低等特点，缺乏可持续的盈利模式，这就降低了私人资本、企业资本参与基础设施建设投资的积极性。如此看来，如何解决巨大的资金缺口，是中国—中南半岛经济走廊基础设施建设过程中的一个棘手难题。

3.2.1.2 基础设施建设规划对接不足，缺乏统一的专项推进方案

基础设施是经济发展的重要支撑和保障，中国和中南半岛国家出于各自经济发展需要制定包含基础设施建设的国家发展战略部署，这就在很大程度上致使中国—中南半岛经济走廊面临着各种基础设施建设规划层出不穷，相互交织的状况，而由于资源禀赋不同以及经济结构、发展水平的差异，不同国家、不同政府部门、不同企业、不同地区居民对区域性基础设施建设与连通的实际需求及发展目标都有着不同的诉求，即对不同基础设施的优先顺序、对通道走向与布局的考虑各有差异。繁多的规划加上利益诉求的多元化，使得基础设施建设面临规划对接与诉求平衡的现实困难。

3.2.1.3 基础设施建设面临制度性壁垒

一是技术标准壁垒。中国和中南半岛国家在基础设施技术标准上存在

较大的差异，以铁路建设为例，中国铁路采用的是 1 435 mm 的标准轨，中南半岛大部分国家现有铁路多为"米轨"，导致中国与中南半岛国家铁路的无缝对接难以实现，而目前中南半岛国家很多铁路项目均由中资企业承担，大量使用中国的生产物资及设备，有些也按照中国的标准建设，这就有可能与当地的运输标准、资格认证等要求不符，这不仅影响了中国与中南半岛国家铁路建设项目的施工进度，也使得运输时间和成本大幅增加，中缅铁路项目就曾因轨距问题而导致暂缓。除此之外，中国—中南半岛经济走廊沿线各国间还存在交通规则不同的状况，如中国、老挝、越南的道路交通采用右侧行驶规则，新加坡、泰国、马来西亚则为左侧通行，这也导致了不同国家的车辆进入不同国家的公路时花费大量时间调整货物装卸，这不但影响货物运输效率，还会造成人力、物力的严重浪费。基础设施技术标准和管理标准不统一，也是基础设施互联互通难以高效推进的重要制约因素。

二是口岸通关与道路运输障碍。基础设施"硬连通"的经济走廊的物理基础，基础设施"软连通"的完善则是经济走廊得以运转的保证。虽然中国与中南半岛国家形成了一些有关道路运输和口岸通关和合作计划，如2018 年 11 月友谊关口岸成为中国首个启用无刷卡智能通关的沿边陆路口岸，然而中国与中南半岛国家的很多口岸依旧实行的双边过境运输协议，对过境车辆、货物和人员有着较多的限制，这就导致在实际操作层面存在诸如车辆及人员过境签证手续繁琐、随意收费繁杂、耗时较长、检疫标准不透明等问题和阻碍。在实地调研中了解到，由于对口岸开放时间和车辆限载量的规定各有不同，走完昆曼公路需要办理四次出入境手续，通关手续时间长短不一、收费标准与种类各不相同，在老挝甚至还存在管理混乱、强要小费等人为阻碍。除此之外，装卸搬运与仓储设施设备不匹配、多种运输方式的衔接与转换均导致物流过程耗时过长。也就是说，在当前的中国—中南半岛经济走廊的公路、铁路等跨国运输中，企业进出口货物需面对多国重复检查，程序繁琐，亟待建立覆盖整条走廊的通关监管协调机制。

3.2.2 国际产能合作较为缓慢

3.2.2.1 贸易投资便利化程度不足

虽然中国—中南半岛经济走廊建设推动着中国与中南半岛国家的进出

口贸易和相互投资不断发展，但双边贸易投资的自由便利化程度仍然不足。根据联合国贸易和发展会议 2018 年《贸易政策重要数据及趋势》报告数据显示，2017 年技术贸易壁垒影响了 70% 的世界贸易，其中就包括来自中国—中南半岛经济走廊沿线部分国家，未来中国—中南半岛经济走廊经贸往来与投资合作更大的挑战将会来自沿线各国边境内标准和规则（如产品和服务标准、环境标准、投资管理规则、市场监管规则等）的难以协调。在实地调研中，有柬埔寨投资建设农业产业园区的企业反映，虽然柬埔寨农产品进入中国市场 97% 可以免税，但报关手续、质检手续繁琐，耗时长，对园区的招商有很大的影响。

与货物贸易通过关税手段来设置"显性壁垒"有所不同，服务贸易更倾向于采取国内资格资质要求、参股比例限制、经营范围和形式、繁杂的审批条件和程序等"隐性壁垒"来保护好本国服务产业。由于服务贸易壁垒的特殊性，即非数量性和隐蔽性，要真正实现服务贸易自由化的目标远比实现货物贸易自由化要复杂得多。例如，有部分中南半岛国家就出台政策来限制技术服务出口，对外来服务供给国进入本国市场以及和在其境内的服务贸易设置层层阻碍，对本国服务出口贸易则实行隐蔽性补贴。

3.2.2.2 缺乏国际产能合作专门领导小组的全面统筹指导

虽然我国与中南半岛国家建立了三个层面的产能合作机制，但尚未建立国际产能合作专门领导小组，也就无法发挥其统领和指导作用，无法协调各方国际产能合作利益，这就使得中国与中南半岛国家的国际产能合作出现了一系列问题。

首先是尚未设立可以使各方利益得以最大化的合作目标。《愿景与行动》为中国与中南半岛国家国际产能合作的开展提供了顶层思路，我国与中南半岛国家也就此制定出了阶段性目标。但在这些目标的落实过程中，由于中南半岛国家多为发展中新兴经济体，经济发展水平较低，因此在合作过程中各方利益与诉求仍然存在较大分歧。不仅如此，一些与我国经济发展水平接近的国家把中国视为开放经济形势下的重要竞争对手，对中国施加多种形式的贸易与投资保护手段，对国际产能合作的态度极为谨慎，使得合作难以推进。因此，亟须设立维护各方利益并使其最大化的国际产能合作目标，然而就当前来看，这个目标还处于初步探索阶段。

其次是尚未制定与实施系统化的国际产能合作措施。虽然《关于推进国际产能合作和装备合作的指导意见》明确了我国进行国际产能合作的方式和领域，但我国与中南半岛国家尚未制定与实施系统化国际产能合作的政策举措，其原因就在于：目前我国与中南半岛国家的国际产能合作主要以《关于推进国际产能合作和装备合作的指导意见》为指导，这一文件主要是服务于"一带一路"建设的。也就是说，目前我国与中南半岛国家的国际产能合作主要是依附在"一带一路"建设框架下进行的，大部分政策举措都沿用的是"一带一路"建设既有方案，不能完全适用于中国—中南半岛经济走廊。

3.2.2.3 国际产能合作平台建设仍待加强

中国—中南半岛经济走廊国际产能合作需要打造平台载体，为国际产能合作项目的规划和落地提供基础性支持。2015 年中国商务部将境外经贸合作区定位为"一带一路"倡议的重要承接点并加大建设力度，境外经贸合作区逐渐发展成为中国与中南半岛国家开展国际产能合作的重要平台载体。事实上，从中国—中南半岛经济走廊的地理条件和资源禀赋来看，其国际产能合作的平台并不仅限于境外经贸合作区，港口、城市、互联网等均为可以运用的有效载体，但从目前看来，中国与中南半岛国际产能合作主要还是依托于境外经贸合作区，重要港口、节点城市还未得到有效的整合运用，从而导致技术、资本和管理等要素得不到充分撬动，即便是境外经贸合作区也未能"物尽其用"，导致中国与中南半岛的国际产能合作的潜力并未得到充分挖掘。

一方面，境外经贸合作区未能"物尽其用"。科学合理的境外经贸合作区布局应深耕中国—中南半岛经济走廊主线，有重点、有梯度且有层次地渐进式布点推进，形成"多点开花"的局面。但当前中国—中南半岛经济走廊境外经贸合作区布局还存在较大的问题，主要体现为由于国家层面战略布局的缺乏，出现了多个境外经贸合作区集中于部分国家、境外经贸合作区域重要节点建设步调不一、定位与主导产业不明确等一系列问题，导致沿线国家产能合作潜力未能得到充分挖掘，从而造成了资源浪费。

另一方面，重要港口、节点城市的潜力并未得到完全挖掘并加以整合运用。从中国—中南半岛经济走廊的范围来看，该走廊不仅包括陆上 11 个重要节点城市，而且还涵盖了"21 世纪海上丝绸之路"东盟地区的重要港口，而这些主要节点城市几乎都与重要港口相连，这种得天独厚的地理区位条件意味着临港产业园区可以成为中国—中南半岛经济走廊的国际产能合作的"新高地"。但从当前的发展状况来看，沿线重要港口大多均为自然条件优越的深水港，但其潜力尚未完全挖掘，且并未与城市加以整合运用，主要表现在：一是港口基础设施及其支持保障系统仍相对滞后，港口功能未能得到充分发挥，如铁路进港问题、港口疏港公路不畅等尚未得到解决；二是产业联动性和合作强度不足，如临港主导产业不突出、产业链不完整、产业集群程度低等；三是临港服务业层次和附加值较低，目前还主要集中于船舶停靠、临港物流、海事等基本服务，对其他临港产业发展带动力弱。

3.2.3　合作机制层次和政治互信程度均有待提升

从前文的论述中可知，中国—中南半岛经济走廊建设的合作机制主要有以中国—东盟博览会、中国—东盟商务与投资峰会、泛北部湾经济合作论坛、澜沧江—湄公河会议等为基础，涵盖与中国—东盟相关的会议、论坛、合作基地建设在内的"南宁渠道"合作机制，同时也还包括广西与越南定期会晤机制、中国—马来西亚和中国—泰国"两国双园"联合协调机制、云南与部分中南半岛国家建立的工作组、滇缅合作论坛、广西和云南各地市层面与走廊沿线国家建立的相关合作机制。依托这些现有的中南半岛国家参与的区域或次区域机制，中国与中南半岛国家就共建中国—中南半岛经济走廊达成了基本共识，该走廊前期的建设工作也因此得以顺利开展。但进一步来看，中国—中南半岛经济走廊8国政府间工作组会议尚未达到理想水平的正式化、集中化和授权化，还属于国际制度安排中的非正式协议阶段。例如，目前中国—中南半岛经济走廊建设相关的合作机制多为博览会、论坛会议、工作组、招商会或洽谈会、合作地区领导互访等形式，大部分与中国—中南半岛经济走廊相关的商议讨论还是通过中国—东盟合作机制平台进行。换言之，中国—中南半岛经济走廊虽然已经形成了一定意义上的区域合作机制，但这些机制主要表现为存在一定形式的工作组会议，机制的层次较低，没有真正意义上的国际组织和国际机制。当然不可否认的是，这些对话平台能够持续也是一种获得政府授权的区域国际合作机制，对话结果也是更为有效的国际机制形成的前提。但是，这种未形成正式机制的对话平台很可能受国家间关系波动的影响，各国政府对会谈本身既往的支持也可能随时动摇甚至收回。也就是说，中国—中南半岛经济走廊的建设缺乏权威的组织领导，我国官方与各国官方并没有达成原则性、框架性的统一意见，也没有联合对外发布权威的文本，而仍然停留在探索、研究的概括性倡议层面，缺少具体实质性意义的合作内容与议程，导致很多合作流于形式。由此可见，中国—中南半岛经济走廊建设还缺乏具有权威性的高层次合作机制，其建设工作仍然面临着较大的机制瓶颈。

作为一种国际次区域合作形式，中国—中南半岛经济走廊的建设需要以国家间友好的政治关系和高度的相互信任为保障，正如张锡镇（1999）所指出的"只有实现互信，睦邻和伙伴关系才会瓜熟蒂落、水到渠成"[128]，也如陆建人（2011）所言，"政治互信决定合作命运，互信在，则合作在，互信毁，则合作亡"[129]。虽然中国—中南半岛经济走廊的政策沟通一路走高、持续向好，但走廊沿线区域内的政治、领土、民族、宗教等关系错综复杂，稍有不慎就可能对各国的战略定位造成影响，进而影响中国—中南半岛经济走廊的建设。虽然前文提及随着历史性"南海行为准则"框架的达成，南海问题逐步回归双边磋商与谈判协商的正轨，但这并不意味着它可以在短时间内解决，对于南海主权争端，该区域内的直接声索方和非直接声索方都有着各自的立场与考量。《2017年"一带一路"五通指数报告》公布的数据显示，中国与越南、马来西亚这两个南海主权直接声索方的"政治互信"得分均低至 2.99 分，在所有的中南半岛国家中排名末两位，可见，在未来相当长一段时期，南海政权争端这一政治性纠纷仍将是影响中国和中南半岛关系的"变数"甚至"隐患"，也是中国—中南半岛经济走廊建设的一大阻力。另外，随着中国发展步伐的不断加快，中国经济发展和战略走向日益受到全球瞩目，导致中国开展国际合作吸引力上升的同时，"中国威胁论"的受众与市场也在不断扩大，使得中南半岛部分国家的对华政策呈现两面性——一方面，中国不断强大的事实使它们意识到必须参与到与中国的合作之中；另一方面，它们也担心被中国作为挑战现有国际秩序的地缘政治工具，或者说，它们将中国的某些战略解读为对它们的政治入侵。在这种思维两面性的驱使下，中南半岛部分国家对中国—中南半岛经济走廊的建设就会产生别样的认知，使其在与中国合作时采取"合作与戒备"并存的做法，甚至还推动域外大国和机构参与本地区事务，这也是中国—中南半岛经济走廊建设的一大羁绊。

3.3 推进中国—中南半岛经济走廊建设的启示

自建设中国—中南半岛经济走廊提出以来，中国始终视中南半岛为周边外交的优先方向，不断深化彼此的合作，特别是在"一带一路"倡议进一步明确中国—中南半岛经济走廊的建设任务后，中国秉承"五通"理念开展与中南半岛全方位的合作。本章基于实地调研资料和相关数据库数据，对中国—中南半岛经济走廊的建设情况进行了现实考察，在考察中国—中南半岛经济走廊的建设是否初具成效的同时，也为后文如何推进中国—中南半岛经济走廊建设寻找现实依据。

一方面，中国—中南半岛经济走廊建设是初具成效的。首先，从基础设施建设来看，中国—中南半岛经济走廊基础设施建设蓬勃开展，不仅实现了进一步的互联互通，还促使一些国家（如老挝）突破地理上的制约，实现海陆连通，成为新的经济增长潜力国，中国—中南半岛经济走廊最具实质性意义的物质载体正在逐日夯实。其次，在国际产能合作方面，中国与中南半岛国家国际产能合作增长迅速、机制增强、项目稳步推进、支撑平台初步建成、投资环境逐步改善。在政治互信与合作机制建设方面，中国将建设中国—中南半岛经济走廊有意识地纳入了与中南半岛国家的外交议程，全面加强与中南半岛国家的政策沟通广度和深度，并借助既有的平台机制展开了密集的双边或多边动员，通过高层引领，与中南半岛国家在国家层面、地方层面构建了更具针对性的合作机制平台，使得合作共建意识持续升温。

另一方面，中国—中南半岛经济走廊的建设仍然存在一系列的问题与挑战。首先，中国—中南半岛经济走廊基础设施连通仍显滞后——沿线国家基础设施建设本身就存在较大缺口，加上沿线各国经济发展目标与侧重不同、基础设施建设规划繁多、技术标准不统一、制度性壁垒错综复杂等等，都在不同程度上阻碍了走廊内基础设施的连通。其次，中国—中南半岛经济走廊的国际产能合作进展较为缓慢——贸易投资便利化程度不足，国际产能合作专门领导小组的缺失，导致尚未制定出能使各方利益最大化的合作目标以及系统化的推进措施。另外，国际产能合作的平台要么未能"物尽其用"，要么未能完全挖掘潜力并加以整合运用，这些都在不同程度上影响了走廊内国际产能合作的进程。最后，中国—中南半岛经济走廊合作机制层次较低、政治互信程度有待提升——该走廊建设的合作机制的正式化、集中化和授权化程度较低，还并未形成真正意义上的国际组织和国际机制，权威组织领导和文本的缺失导致很多合作流于形式，与此同时，南海主权争端、中国"威胁"论等导致的中国与中南半岛国家政治互信不足，也是中国—中南半岛经济走廊建设过程中不得不面对的政治风险。

3.3.1 基础设施建设和国际产能合作是推进中国—中南半岛经济走廊建设的潜力领域

首先，从第1章对经济走廊演进脉络的梳理可见，经济走廊的功能演化是一个动态发展过程，在横向上表现为由点到线、连线成片的地理空间延伸，在纵向上表现为合作内容由单一到复杂、合作领域由物理连通到经济往来、合作形式由低阶到高阶的综合演变。具体而言，建设之初，经济走廊更多地侧重于居民点、中西城镇之间基础设施"轴"的建设与完善，从而完成空间内资源、货物、人员、资金等要素的流动；伴随着多重交通方式跨区域的有效衔接，沿着基础设施所形成的纵横交错的通道开始出现带状发展的现象，投资贸易、产业合作等功能不断增强，经济走廊不再囿于基础设施沿线的地理空间，更是一种优势互补的经济合作。因此从学理上说，基础设施与经济合作是经济走廊的核心要素，也是经济走廊建设需要重点关注的领域。

其次，从第2章对中国—中南半岛经济走廊建设推进方向的界定来看，相比其他五条经济走廊所涉及的国家和地区，中国—中南半岛经济走廊途径区域社会相对稳定、总体经济发展基础较好、市场潜力较大，特别是中南半岛各国在要素禀赋上与中国合作共建新型跨国生产网络的条件最成熟，为此，国务院发展研究中心对外经济研究部综合研究室主任罗雨泽在《统筹协调六大国际经济合作走廊建设》一文中就明确指出，中国—中南半岛经济走廊建设的重心和主要任务就在于国际产能合作。鉴于此，本书推进中国—中南半岛经济走廊建设的方向就在于：进一步建成与完善中国经云南、广西等西南省区出境联通中南半岛七国的公路、铁路、航空、水运、管道、信息等各类基础设施，打造纵横交错、贯通四方的立体基础设施网络，在此基础上全面展开贸易投资与产业合作，并改善贸易结构、扩大贸易规模，提升中国与中南半岛国家的经贸合作层次与水平，构建以中国为主导的跨国生产网络和差别化的国际产能合作路径,形成优势互补、区域分工、共同发展的区域经济体,使其成为"一带一路"国家产能合作示范区。这也恰好符合赵江林(2016)所指出经济走廊建设的要义,即"建成基础设施有保障、交通运输功能完善的'过路通道',以及建成以走廊为依托,整体的、现代化的经济体系,让沿线各国在共同建设中实现共同富裕"[130]。因此,就中国—中南半岛经济走廊在"一带一路"倡议中的功能定位及其自身特点、所处区域资源禀赋、沿线国家合作需求、国别潜力而言,基础设施建设是其建设推进的第一要务,国际产能合作是其建设推进的核心要务,也即,基础设施建设和国际产能合作是推进中国—中南半岛经济走廊建设的重要方向。

最后,从第3章对中国—中南半岛经济走廊建设的现实考察来看,中国—中南半岛经济走廊沿线各国的基础设施发展迅速、趋势向好,走廊基础设施互联互通初具成效,但总体发展情况仍相对滞后,基础设施建设存在较大缺口,加强基础设施建设的需求显而易见;在国际产能合作方面,虽然中国与中南半岛国家合作进展良好,但也面临贸易投资便利化程度不足、专门领导小组的缺失、平台载体建设力度不够等阻碍,也就是说,中国—中南半岛经济走廊的国际产能合作潜力尚未完全挖掘,具备进一步深化合作的潜能。因此,由中国—中南半岛经济走廊及建设现状所反映出来的问题可见,加强基础设施建设与深化国际产能合作是推进中国—中南半岛经济走廊建设需要着重发力的关键。

3.3.2 推进中国—中南半岛经济走廊建设需要中国发挥更多的积极作用

区域合作离不开核心主体的主导与引领,经济走廊的建设与推进亦然。作为建设中国—中南半岛经济走廊倡议的提出国以及区域内的关键大国,中国是否应该或是否能够在推进该走廊的建设过程中发挥更多的积极作用呢?

从理论层面来看,中国需要在推进中国—中南半岛经济走廊建设的过程中发挥更积极的作用。王毅曾在多个场合明确指出,"'一带一路'倡议是中国向世界提供的公共产品",这就意味着"一带一路"倡议下的跨国活动也就具有公共产品的属性。也就是说,中国—中南半岛经济走廊建设作为"一带一路"倡议下的次区域国际开发合作,具有典型的区域性公共产品性质。区域性公共产品通常以地理相邻和自然资源共享为基础，公共产品所具备的积极溢出效应会将合作安排转变为相邻国家从此类公共产品中获取最大化收益的战略性抉择，而区域大国应该承担起提供合法、透明的服务的责任。对中国而言，区域大国是未来成为全球大国的必经之路，也是当前的重要目标，因此，中国有责任也有必要承担起区域性公共产品生产与供给的重任。对于区域性公共产品的提供，中国已表现出了强烈的意愿，例如中国国家主席习近平曾在多个场合多次明确表示"欢迎大家搭乘中国发展的列车，搭快车也好，搭便车也好，我们都欢迎"。因此，在推进中国—中南半岛经济走廊建设的过程中发挥更积极的作用就不失为中国在次区域提供公共产品的重要实践。

再从现实层面来看，中国也有能力在推进中国—中南半岛经济走廊建设的过程中发挥更积极的作用。近年来，随着中国经济的迅速发展，中国的产业竞争力不断增强，在资金、工业体系、制造能力、技术创新等方面积累了明显的优势，这对于中南半岛国家具有很大的吸引力，是中南半岛国家补齐基础设施建设缺口的迫切之需，也是中国—中南半岛经济走廊基础设施进一步互连互通的重要推动力。在经济迅速发展的背景下，中国的国内商场也在逐步扩大，与中南半岛国家的经济合作日益密切，产业关联度不断提升，中国作为中南半岛国家"市场提供者"的角色逐渐凸显，中南半岛也正在成为中国"走出去"强劲且广阔的市场。这就意味着，在中国—中南半岛经济走廊的区域产业分工格局中，中国已然成为产业循环体系的重要一环，而推进中国—中南半岛经济走廊建设的方向就是构建区域内互补型的贸易与产业关系并将其保持稳定，因此，推进中国—中南半岛经济走廊的建设必然要求中国发挥更积极的主导带动作用，更多地参与其中。

4 中国—中南半岛经济走廊
建设分析

第 3 章对中国—中南半岛经济走廊进行了较为全面的现实考察，为如何推进中国—中南半岛经济走廊的建设寻找了现实依据，即"基础设施建设和国际产能合作是推进中国—中南半岛经济走廊建设的潜力领域""推进中国—中南半岛经济走廊建设需要中国发挥更多的积极作用。但是前述分析仅仅是现象上的梳理与总结，缺乏深层次的探讨与论证，鉴于此，本章将在上一章研究结果的基础上，进一步对"加强基础设施建设的潜在需求与必要性""深化国际产能合作的潜在需求""中国推进中国—中南半岛经济走廊建设的优势"予以论证和检验。

具体而言，本章第 1 节是论证与检验"加强基础设施建设的潜在需求与必要性"：首先，结合现实考察的结论和中国—中南半岛经济走廊沿线的区域发展规划、国家战略部署，考察该走廊是否存在加强基础设施建设的潜在需求；再运用世界银行的物流绩效指数、引入基础设施变量的贸易引力模型与边界效应模型，考察该走廊是否存在加强基础设施的必要性。第 2 节运用"贸易互补性指数""加权产业内贸易指数""拉菲指数""贸易竞争力指数""出口相似性指数"对中国与中南半岛的产业互补性与竞争性进行测度，以考察中国—中南半岛经济走廊是否具备深化国际产能合作的潜在需求。第 3 节是从贸易增加值、"一带一路"倡议之后国内产业升级的视角对中国的产业竞争力进行计量分析，以考察中国是否真正具备推进中国—中南半岛经济走廊"因廊施策"，即重点加强国际产能合作的推动力。第 4 节则是推进中国—中南半岛经济走廊建设的实证分析结果。

4.1　加强基础设施建设的潜在需求与必要性分析

加强基础设施建设的重要性很早就引起了关注，讨论最多的当属基础设施建设与经济增长之间的关系，例如，亚当·斯密曾在《国富论》中指出："良好的公路、港口、桥梁是发展商业的重要条件"[131]，以 Rodan（1943）、Solow（1956）为代表的发展经济学家进一步强调"基础设施建设是实现经济增长的先行资本"[132][133]，Roller 和 Waverman（2001）、娄洪（2004）、郑世林等（2014）、吴清华等（2015）、朱丹丹和黄海波（2018）等学者分别在理论与实证上对基础设施对经济发展的正向外部性进行了论证[134][135][136][137][138]。一般而言，建成与完善基础设施能够有效地降低运输成本和交易成本，极大地促进人流、物流和信息流的传递，地理区域联通性与可达性越高，社会就会越繁荣。本书第 2 章清晰地指出，基础设施不仅能够作为生产性要素直接推动经济发展，也可以作为准公共物品通过间接溢出效应促进经济发展。因此，加强基础设施建设可以促进中国—中南半岛经济走廊的经济发展。

4.1.1　基础设施建设潜在需求分析

由前文现实考察可知，中国—中南半岛经济走廊沿线国家基础设施发展水平存在两极化差异，其中，新加坡、中国、马来西亚和泰国属于"基础设施发展水平高—经济发展较好"的类型，越南、缅甸、柬埔寨、老挝则属于"基础设施发展水平低—经济发展落后"的类型。也就是说，中国—中南半岛经济走廊沿线有近半数的国家存在基础设施落后于经济发展的状况，现有的基础设施存量已不能满足经济发展的需要。而基础设施建设又是经济发展的先行资本和重要保障，增加基础设施供给所产生的外部性效应将极大地带动经济发展，这就催生了大量的基础设施建设需求。这意味着，为了实现经济发展，中国—中南半岛经济走廊沿线国家未来势必会加大基础设施的建设力度。

4.1.1.1　中国—中南半岛经济走廊基础设施建设总体需求

从地区发展趋势及其相应的基础设施规划来看，未来中国—中南半岛经济走廊的基础设施建设规模非常之大，其中东盟公路网（AHN）、泛亚铁路、港口建设、能源输送网络建设将是基础设施建设的重中之重。在交通基础设施方面，东盟规划的过境运输路线（Transit Transport Routes，TTRs）涉及跨境公路共计约 20 000 千米，其中有近 10%（1 858 千米）的公路低于Ⅲ标准，主要分布在老挝、缅甸，而且当前 TTRs 尚存约 13 822 千米的建设缺口，如表 4-1 所示。中国与中南半岛之间最具潜力的"新加坡—昆明铁路通道"存在非常严重的缺失，缺失路段主要分布于越南、老挝、柬埔寨、马来西亚和泰国，长度约为 4 069 千米；内河航运可在交通运输中发挥积极作用，尤其是在柬埔寨、老挝、缅甸、越南和泰国，但目前走廊内河航运利用率较低，与低利用率相关的基础设施问题包括水路网络欠发达、内河港口配套设施差、缺乏联运等；大部分中南半岛国家的"门户港"基础设施发展程度参差不齐，提供更有效的运输服务面临诸多障碍，亟须投资扩展港口能力。囿于社会经济和科技发展水平，中国—中南半岛经济走廊沿线各国对通信基础设施均有着较大的需求缺口，面临如何克服数字鸿沟的严峻挑战。而在能源基础设施方面，东盟电力网建设与联通有赖于越南、缅甸、老挝、柬埔寨内陆网络连接的实现，跨境天然气管道互联互通项目规划长度超过 4 500 千米，包括泰国—缅甸管道、西纳杜纳群岛—杜容管道、西纳杜纳群岛—新加坡管道、南苏门答腊—新加坡管道、马来西亚—泰国管道、新加坡—马来西亚管道等，需求缺口同样巨大。

表 4-1　东盟规划的过境运输线路

国家	低于Ⅲ级标准公路长度/千米	过境运输路线总长度/千米
柬埔寨	0	1 338
老挝	391	2 170
马来西亚	0	2 242
缅甸	1 467	3 018
新加坡	—	—
泰国	0	4 477
越南	0	577
合计	1 858	13 822

注：数据来源于《东盟互联互通总体规划》。"—"表示数据缺失。

4.1.1.2　中国—中南半岛经济走廊基础设施建设国别需求

（1）柬埔寨

柬埔寨政府将基础设施建设与改善列为"四角战略"的重要任务之一。2019 年 8 月 30 日，柬埔寨内阁办公厅批准了 144 亿美元的国家预算用于公共投资，其中有 53.8% 的资金将投入未来三年的基础设施建设中，足以见得柬埔寨对基础设施建设的重视。目前正在进行的基础设施建设包括国家主要道路和桥梁建设、铁路修复、机场扩建和发电项目，其中，改善国家主要道路又为重中之重，如修建金边—西哈努克高速公路、升级金边—泰国波比镇的 5 号国道、修建金边—越南 Bavet 的 1 号公路、修建新环城公路等。为了实现"2020 年将电力覆盖到全国，2030 年使全国 70%的家庭有电用"的目标，柬埔寨政府还计划修建三大主电网。此外，柬埔寨政府还宣布了将建设六个机场的计划，投资价值超过 20 亿美元。

（2）老挝

基于社会经济发展的需要，老挝政府近年来不断加大对基础设施的投入，重点建设项目包括：建设东—西、南—北方向通道，扩展连接大城市—城镇—乡村—农村的公路网络，以解决城市、农村和地区间的互联互通问题；建设水力发电站，开发以电力和机械为基础的农业灌溉系统，扩展中压输电线；继续建设和改造琅勃拉邦、川圹、沙湾纳吉等地机场；将电信网络扩展到全国 90%的农村，将电话覆盖全国 80%的人口。

（3）马来西亚

为了进一步提高生产力，马来西亚将对国家基础设施领域加大投资，重点项目包括隆新高铁、槟城基建、泛婆罗洲大道等，目标是建设世界级基础设施。基础设施建设具体规划为：重点建设通往主要港口和机场的公路、铁路，开发复合交通网络，提升交通货运能力与效率；升级改造巴生西港、丹绒帕拉帕斯港，增强港口的竞争力；在吉隆坡国际机场增建机场候机楼，升级改造槟城国际机场，进一步提升马来西亚作为地区航空枢纽的地位。

（4）缅甸

缅甸经济增长对基础设施建设需求旺盛，缅甸政府出台了首个国家运输总体长期规划：提高中缅跨境公路纽带缅甸境内段公路等级，打造中缅跨境高速公路；积极筹建昆明—皎漂的跨境铁路项目，将仰光—曼德勒铁路、曼德勒—密支那铁路、仰光—毛淡棉铁路、仰光—卑谬铁路以及仰光环城铁路列为关键优先项目；对一些著名风景点铁路基础设施进行升级改造；对已有港口码头设施进行提升、改造和扩展，建设新的深水港项目；加快机场空港基础设施建设。为了实现在 2030—2031 年全国通电的目标，缅甸政府计划为人口稠密区及离人口稠密区较近地区、远距离地区、人口稀少且交通不便地区增加电网扩容投资。

（5）新加坡

即便新加坡已是走廊沿线乃至全球基础设施最为完善的国家，新加坡政府仍表示"发展新加坡的计划尚未完成，新加坡还没有达到发展的极限"。目前，新加坡政府致力于勾勒基础设施发展计划，旨在全面加强与周边区域乃至世界的互联互通。例如：推出轨道交通建设规划，计划在2030 年之前将地铁网从当前的 178 公里扩大一倍至 360 公里；建设樟宜机场 T5 航站楼，并建设飞机保养、维修和翻新服务以及航空物流等设施；提出"智慧 2025"全球首个智慧国家蓝图，旨在通过覆盖全岛的数据收集、连接和分析基础设施平台，提供更好的公共服务。

（6）泰国

泰国基础设施建设的重点有五大部分，分别为曼谷大都会公共交通网、城际铁路网、跨境交通网、提升航空运输能力、发展航运。其中，打造与其他多个国家（如新加坡、中国）相连的铁路网是泰国基础设施建设的核心，铁路网将以泰国邦苏为中心，延伸至北部的清迈，向东北连接老挝万象直至中国云南省的磨憨，向东部连接柬埔寨，向南部连接马来西亚直至新加坡，同时还将连接曼谷的城市铁路线和通往上游省份的铁路线。

（7）越南

据亚洲开发银行的数据显示，越南基础设施建设支出占 GDP 比重在中南半岛中位居第一，可见越南国家政府对基础设施建设的重视。越共中央委员会通过的 13 号决议，提出将集中发展交通、电力供应、水利及气候变化、城市建设、工业区和经济区、通信、医疗卫生、文化旅游和体育等基础领域。

由以上分析可见，无论是区域层面的发展规划，还是国家层面的战略部署，均体现了中国—中南半岛经济走廊沿线国家对于基础设施建设的迫切需求。首先从区域发展规划来看，中国—中南半岛经济走廊沿线区域拥有漫长的海岸线，很多重要港湾聚集于此，同时该区域还栖息着全世界百分之十的物种，并且蕴藏着丰富的水资源、森林资源、矿产资源等，是世界不可多得的资源宝库，正因如此，无论是《东盟互联互通总体规划》还是《大湄公河次区域合作协议》，均将"发展资源优势、增强互联互通"列为该区域的首要发展目标。再从国家战略部署来看，2008年全球金融危机后，世界经济普遍陷入低迷状态，虽然中国—中南半岛经济走廊沿线国家经济增幅较大，但其增速也在明显下滑，经济复苏缺乏内在动力，大量研究以及1998年亚洲金融危机的教训已充分证明了，基础设施在一个国家经济复苏和发展过程中发挥着至关重要的作用。处于经济复苏的需要，走廊沿线国家无疑将会加大基础设施的建设力度。因此，无论是基础设施完善如中国、新加坡、泰国、马来西亚，还是基础设施落后如老挝、柬埔寨、缅甸，均把基础设施建设列为当前国家发展的重要议程。

4.1.2 基础设施建设必要性分析

4.1.2.1 基础设施建设→提升物流绩效→促进经济发展

基础设施的建设关乎物流的表现，是物流绩效的重要决定因素，一国提供物流服务的能力由其基础设施所驱动（Liman & Venables，2001[139]；樊秀峰和余珊，2015[140]）。Lakshmanan（2011）、赵泉午和廖勇海（2012）等发现，铁路基础设施水平影响物流质量[141][142]；在 Deng 等（2013）、焦新龙等（2009）看来，港口的作用既包括货物处理，也包括提供更好的物流服务，港口增值可以获得物流竞争优势[143][144]；Carlos 和 Peter（2007）、Kasarda 和 Green（2005）等对机场绩效及其对物流服务的影响进行了评估，证明航空自由化可以促进航空物流水平的提高，节约经济发展成本[145][146]。也就是说，物流绩效与一国的经济发展存在明显的正向关系，物流绩效水平越高，就越容易吸引外资，并对进出口贸易产生较大影响，进而促进经济发展（Hausman et al.，2013[147]；Martil et al.，2014[148][149]；Gani，2017[150]）。Coto-Millan 等（2013）研究表明，物流绩效指数每增加1%就会为经济发展带来1%~3%的提升[151]。以区域内经济最为发达的新加坡为例，作为全球主要运输和物流枢纽之一，新加坡物流综合得分4.14，高于中国—中南半岛经济走廊沿线其他国家，位居第一，综合表4-2的其他各项指标得分来看，无论是在物流服务的能力和质量、清关程序的效率、贸易和运输相关基础设施的质量、货物在预定或预期的时间内到达收货地点的效率、跟踪和追踪获取的能力、安排价格具有竞争力的货物的难易度还是在进出关周转时间方面，新加坡均有十分优异的表现，中国、马来西亚、泰国紧随其后。由此可见，越是基础设施发达的国家，运输效率越高，物流绩效表现越优异，经济发展越好；相对的，基础设施越不发达的国家，程序、手续越复杂，由此导致运输效率的低下，物流绩效表现较差，经济发展就相对滞后。

表 4-2　中国—中南半岛经济走廊沿线国家物流绩效指数

指标	国家	2007 年	2010 年	2012 年	2014 年	2016 年
综合分数 （1＝很低至 5＝很高）	柬埔寨	2.50	2.37	2.56	2.74	2.80
	中国	3.32	3.49	3.52	3.53	3.66
	马来西亚	3.48	3.44	3.49	3.59	3.43
	缅甸	1.86	2.33	2.37	2.25	2.46
	新加坡	4.19	4.09	4.13	4.00	4.14
	泰国	3.31	3.29	3.18	3.43	3.26
	越南	2.89	2.96	3.00	3.15	2.98
物流服务的能 力和质量 （1＝很低至 5＝很高）	柬埔寨	2.47	2.29	2.5	2.67	2.61
	中国	3.4	3.49	3.47	3.46	3.62
	马来西亚	3.40	3.34	3.45	3.47	3.34
	缅甸	2.00	2.01	2.42	2.07	2.36
	新加坡	4.21	4.12	4.07	3.97	4.09
	泰国	3.31	3.16	2.98	3.29	3.14
	越南	2.80	2.89	2.68	3.09	2.88
清关程序效率 （1＝很低至 5＝很高）	柬埔寨	2.19	2.28	2.30	2.67	2.62
	中国	2.99	3.16	3.25	3.21	3.32
	马来西亚	3.36	3.11	3.28	3.37	3.17
	缅甸	2.07	1.94	2.24	1.97	2.43
	新加坡	3.90	4.02	4.10	4.01	4.18
	泰国	3.03	3.02	2.96	3.21	3.11
	越南	2.89	2.68	2.65	2.81	2.75

表4-2(续)

指标	国家	2007 年	2010 年	2012 年	2014 年	2016 年
贸易和运输相关基础设施质量（1=很低至5=很高）	柬埔寨	2.30	2.12	2.20	2.58	2.36
	中国	3.20	3.54	3.61	3.67	3.75
	马来西亚	3.33	3.50	3.43	3.56	3.45
	缅甸	1.69	1.92	2.10	2.14	2.33
	新加坡	4.27	4.22	4.15	4.28	4.20
	泰国	3.16	3.16	3.08	3.40	3.12
	越南	2.50	2.56	2.68	3.11	2.70
货物在预定或预期的时间内到达收货人的效率（1=很低至5=很高）	柬埔寨	3.05	2.84	2.95	2.75	3.30
	中国	3.68	3.91	3.80	3.87	3.90
	马来西亚	3.95	3.86	3.86	3.92	3.65
	缅甸	2.08	3.29	2.59	2.83	2.85
	新加坡	4.53	4.23	4.39	4.25	4.40
	泰国	3.91	3.73	3.63	3.96	3.56
	越南	3.22	3.44	3.64	3.49	3.50
跟踪和追踪货物的能力（1=很低至5=很高）	柬埔寨	2.53	2.50	2.77	2.92	2.70
	中国	3.37	3.55	3.52	3.50	3.68
	马来西亚	3.51	3.32	3.54	3.58	3.46
	缅甸	1.57	2.36	2.34	2.36	2.57
	新加坡	4.25	4.15	4.07	3.90	4.05
	泰国	3.25	3.41	3.18	3.45	3.20
	越南	2.90	3.10	3.16	3.19	2.84
安排价格具有竞争力的货运的难易度（1=很低至5=很高）	柬埔寨	2.47	2.19	2.61	2.83	3.11
	中国	3.31	3.31	3.46	3.50	3.71
	马来西亚	3.36	3.50	3.40	3.64	3.48
	缅甸	1.73	2.37	2.47	2.14	2.23
	新加坡	4.04	3.86	3.99	3.70	3.96
	泰国	3.24	3.27	3.21	3.30	3.37
	越南	3.00	3.04	3.14	3.22	3.12

表4-2(续)

指标	国家	2007 年	2010 年	2012 年	2014 年	2016 年
出口周转时间 （中值，天数）	柬埔寨	—	1.32	2.00	1.00	3.00
	中国	2.60	2.77	3.00	2.0	3.00
	马来西亚	3.40	2.64	3.00	1.00	3.00
	缅甸	2.60	4.58	1.00	1.00	—
	新加坡	2.40	2.17	2.00	2.00	2.00
	泰国	3.40	1.59	2.00	1.00	1.00
	越南	2.80	1.14	2.00	1.00	3.00
进口周转时间 （中值，天数）	柬埔寨	3.30	4.00	2.00	1.00	4.00
	中国	3.80	2.56	4.00	3.00	5.00
	马来西亚	3.30	2.75	2.00	1.00	7.00
	缅甸	3.20	8.37	1.00	1.00	—
	新加坡	2.22	1.78	2.00	2.00	2.00
	泰国	2.30	2.62	1.00	1.00	1.00
	越南	4.00	1.73	2.00	1.00	3.00

注：数据来源于世界银行数据库。"—"表示数据缺失。

4.1.2.2 基础设施建设→带动贸易往来→促进经济发展

基础设施建设的首要目的是实现基础设施的互联互通，也就是上文所提及的提高物流绩效，而基础设施互联互通更深层次的经济学意义在于促进贸易便利化。基础设施建设可以带动要素流动，促进资源优化配置，实现产业结构与比较优势的调整；同时，基础设施建设也能够促使区域内各国更好地融入区域市场和供应链，降低区域内部的贸易成本，提高贸易效率；此外，基础设施建设还能将区域与外部市场的贸易联系进一步增强，有利于吸引外资及扩大市场规模，促进了市场的专业化分工，从而带动区域经济共同发展。为了测度基础设施对中国—中南半岛经济走廊贸易的影响以及研究不同基础设施对贸易作用的差异，本书将基础设施变量引入"贸易引力模型"来考察其对中国—中南半岛经济走廊相互贸易的影响，并在此基础上再引入"边界效应模型"测算中国—中南半岛经济走廊沿线各国间的边界效应，以考察不同基础设施对中国—中南半岛经济走廊相互贸易贡献程度的差异。

（1）模型设计、变量说明及数据来源

贸易理论指出，经济规模决定进口的需求规模，两个国家（或地区）之间的距离决定了贸易运输成本，经济规模和两地距离同时对双边贸易规模产生影响。Tinbergen（1962）和Poyhonen（1963）据此提出了"引力模型"，其核心观点是"两个国家的贸易规模与各自的经济规模成正比，而与两国间的距离成反比"。引力模型的基本形式为

$$X_{ij} = f(Y_I,\ Y_j,\ D_{ij},\ Z_{ij})$$

在上式中，X_{ij} 指的是国家与国家之间的贸易量；Y_i 和 Y_j 分别表示为 i 国与 j 国的经济规模，通常以 GDP 为表征；D_{ij} 为两国首都（行政中心）、重要港口或重要城市之间的距离；Z_{ij} 为影响双边贸易的其他因素。为了便于回归，将引力模型取自然对数，得到如下线性表达式：

$$\ln X_{ij} = \beta_0 + \beta_1 \ln GDP_i + \beta_2 \ln GDP_j + \beta_3 \ln D_{ij} + \varepsilon_{ij} \qquad (4-1)$$

因为本书旨在研究中国—中南半岛经济走廊基础设施建设对走廊内部贸易的影响，因此，本书在引力模型中加入基础设施相关指标，得到如下表达式：

$$\ln X_{ij} = \beta_0 + \beta_1 \ln GDP_i + \beta_2 \ln GDP_j + \beta_3 \ln D_{ij} + \beta_4 \ln Trans_{ij} + \beta_5 \ln GDPPC_i +$$
$$\beta_6 \ln GDPPC_j + \beta_7 Policy + \varepsilon_{ij} \qquad (4-2)$$

$$\ln X_{ij} = \beta_0 + \beta_1 \ln GDP_i + \beta_2 \ln GDP_j + \beta_3 \ln D_{ij} + \beta_4 \ln ICT_{ij} + \beta_5 \ln GDPPC_i +$$
$$\beta_6 \ln GDPPC_j + \beta_7 Policy + \varepsilon_{ij} \qquad (4-3)$$

$$\ln X_{ij} = \beta_0 + \beta_1 \ln GDP_i + \beta_2 \ln GDP_j + \beta_3 \ln D_{ij} + \beta_4 \ln Eng_{ij} + \beta_5 \ln GDPPC_i +$$
$$\beta_6 \ln GDPPC_j + \beta_7 Policy + \varepsilon_{ij} \qquad (4-4)$$

综合（4-2）式、（4-3）式和（4-4）式，得到

$$\ln X_{ij} = \beta_0 + \beta_1 \ln GDP_i + \beta_2 \ln GDP_j + \beta_3 \ln D_{ij} + \beta_4 \ln Trans_{ij} + \beta_5 \ln ICT_i +$$
$$\beta_6 \ln Eng_{ij} + \beta_7 \ln GDPPC_i + \beta_8 \ln GDPPC_j + \beta_9 Policy + \varepsilon_{ij} \qquad (4-5)$$

在式（4-5）中，X_{ij} 表示两国间的双边贸易总量；GDP_i 和 GDP_j 分别表示 i 国和 j 国的经济总量；D_{ij} 表示两国首都（或重要行政中心）之间的距离；$Trans_{ij}$、ICT_{ij}、Eng_{ij} 分别表示交通基础设施、通信基础设施和能源基础设施的密度。

McCalum（1995）认为，双边贸易受边界的影响，即边境的存在会使得双边贸易量大幅度降低，同时也在很大程度上影响着贸易模式，鉴于此，他提出了"边界效应模型"，其具体形式为

$$\ln X_{ij} = \beta_0 + \varphi Domestic + \beta_1 \ln GDP_i + \beta_2 \ln GDP_j + \beta_3 \ln D_{ij} + \varepsilon_{ij} \quad (4-6)$$

在（4-6）式中，当 $i = j$ 时，Domestic $= 1$；当 $i \neq j$ 时，Domestic $= 0$，e^{φ} 即为边界效应。很多研究还将相邻变量引入边界效应模型之中，用以控制其对贸易的影响，其具体形式如下：

$$\ln X_{ij} = \beta_0 + \varphi \text{Domestic} + \gamma \text{Adjacent} + \beta_1 \ln \text{GDP}_i + \beta_2 \ln \text{GDP}_j + \beta_3 \ln D_{ij} + \varepsilon_{ij} \quad (4-7)$$

在（4-7）式中，倘若两国拥有共同的陆地边界，Adjacent 取 1；倘若两国没有共同的陆地边界，Adjacent 就取 0。

为了考察不同类型基础设施对中国——中南半岛经济走廊沿线国家间贸易边界效应影响的差异性，本书在上述模型的基础上引入边界效应模型，其具体形式为

$$\ln X_{ij} = \beta_0 + \varphi \text{Domestic} + \gamma \text{Adjacent} + \beta_1 \ln \text{GDP}_i + \beta_2 \ln \text{GDP}_j + \beta_3 \ln D_{ij} + \beta_4 \ln \text{Trans}_{ij} + \beta_5 \ln \text{GDPPC}_i + \beta_6 \ln \text{GDPPC}_j + \beta_7 \text{Policy} + \varepsilon_{ij} \quad (4-8)$$

$$\ln X_{ij} = \beta_0 + \varphi \text{Domestic} + \gamma \text{Adjacent} + \beta_1 \ln \text{GDP}_i + \beta_2 \ln \text{GDP}_j + \beta_3 \ln D_{ij} + \beta_4 \ln \text{ICT}_{ij} + \beta_5 \ln \text{GDPPC}_i + \beta_6 \ln \text{GDPPC}_j + \beta_7 \text{Policy} + \varepsilon_{ij} \quad (4-9)$$

$$\ln X_{ij} = \beta_0 + \varphi \text{Domestic} + \gamma \text{Adjacent} + \beta_1 \ln \text{GDP}_i + \beta_2 \ln \text{GDP}_j + \beta_3 \ln D_{ij} + \beta_4 \ln \text{Eng}_{ij} + \beta_5 \ln \text{GDPPC}_i + \beta_6 \ln \text{GDPPC}_j + \beta_7 \text{Policy} + \varepsilon_{ij} \quad (4-10)$$

$$\ln X_{ij} = \beta_0 + \varphi \text{Domestic} + \gamma \text{Adjacent} + \beta_1 \ln \text{GDP}_i + \beta_2 \ln \text{GDP}_j + \beta_3 \ln D_{ij} + \beta_4 \ln \text{Trans}_{ij} + \beta_5 \ln \text{ICT}_{ij} + \beta_6 \ln \text{Eng}_{ij} + \beta_7 \ln \text{GDPPC}_i + \beta_8 \ln \text{GDPPC}_j + \beta_9 \text{Policy} + \varepsilon_{ij} \quad (4-11)$$

变量说明与数据来源如表 4-3 所示。

表 4-3　变量说明与数据来源

变量	变量解释	数据来源
X_{ij}	i 国与 j 国双边进出口贸易总量	联合国贸易和发展会议数据库
GDP$_i$	i 国的经济总量	世界银行数据库
GDP$_j$	j 国的经济总量	世界银行数据库
Dis$_{ij}$	i 国与 j 国首都的距离	谷歌地图
Trans$_{ij}$	交通密集度（用 i 国与 j 国公路、铁路、水运、航空网络里程之和与两国国土面积之和的比值表示）	中国统计年鉴、世界银行数据库、全球宏观数据库
Eng$_{ij}$	能源密度（用 i 国与 j 国耗电量之和与电产量之和的比值表示）	中国统计年鉴、BP 世界能源统计年鉴、世界银行数据库

表4-3(续)

变量	变量解释	数据来源
ICT_{ij}	信息通信技术密度（用 i 国与 j 国互联网用户数量之和与两国总人口之和的比值表示）	世界银行数据库、全球宏观数据库
$GDPPC_i$	i 国的人均 GDP，表示一国的需求和购买力	世界银行数据库
$GDPPC_j$	j 国的人均 GDP，表示一国的需求和购买力	世界银行数据库
$POLICY_{ij}$	是否实施互联互通规划政策	—

（2）模型估计与结果分析

表4-4展示了引入基础设施的引力模型和边界效应模型的计量估计结果，其中（1）～（5）为引力模型的估计结果，其中：标准引力模型（1）的结果显示，经济总量与双边贸易量成正比，与两国间的距离成反比，这一结果符合预期；模型（2）～模型（4）为分别引入交通、能源和通信基础设施变量的引力模型，结果显示：交通基础设施和通信基础设施显著地促进了双边贸易，两个国家交通和通信基础设施每增加1%，双边贸易总量就分别增加0.426%和0.708%，由此可见，通信基础设施对双边贸易的正向促进效应更为显著，而在考察期内，能源基础设施对双边贸易的促进效应不明显；同时引入交通、能源和通信基础设施的引力模型（5）的结果进一步说明，通信基础设施建设更能促进双边贸易量的增长，而且在一定程度上政策变量也是促进双边贸易量增长的重要因素之一。

表4-4中的模型（6）～模型（11）为边界效应模型的计量估计结果。标准边界效应模型（6）以及引入政策变量、相邻变量的边界效应模型（7）的计量结果均显示，中国—中南半岛经济走廊沿线国家的双边贸易存在显著的边界效应，边界效应值分别为14.72和7.26。分别引入交通、通信和能源基础设施的边界效应模型（8）、（9）、（10）的计量估计结果显示：引入交通、能源基础设施的模型的边界效应非常显著，二者的边界效应值分别为3.90和7.26，其中引入交通基础设施的边界效应出现了明显变小的趋势，这说明随着交通基础设施的建成与完善，边界效应会逐渐降低，而引入能源基础设施不会促使边界效应发生明显的变化。从引入通信基础设施的模型（9）的计量结果来看，引入通信基础设施的边界效应也不显著，但通信基础设施本身对走廊贸易有着显著的促进效应，原因在于，通信基础设施的建成与完善对走廊沿线国家间贸易的显著促进效应抵消了其他变量带来的边界效应，从而使得边界效应不显著。

表4-4 引入基础设施的引力模型与边界效应模型估计结果

lnX	(1)	(2)	(3)	(4)	(5)	(6)	(7)	(8)	(9)	(10)	(11)
$lnGDP_i$	1.534*** (3.241)	1.503* (1.834)	0.967 (1.254)	1.268* (1.724)	1.034 (1.612)	1.475*** (2.732)	1.057 (1.147)	1.137 (0.972)	0.974 (0.987)	1.036 (0.932)	1.035 (0.964)
$lnGDP_j$	0.567*** (3.147)	0.262 (1.347)	0.597*** (2.987)	0.252 (1.341)	0.617*** (3.012)	0.629*** (3.124)	0.411* (1.781)	0.385* (1.874)	0.674*** (3.247)	0.427** (2.147)	0.698*** (2.298)
lnDis	-2.012*** (-2.054)	-1.929*** (-2.354)	-3.697*** (-3.671)	-2.574*** (-3.541)	-3.682*** (-3.627)	-1.982*** (-3.174)	-2.646*** (-3.006)	-2.074** (-2.471)	-3.854*** (-3.145)	-2.347*** (-3.631)	-4.397*** (-3.164)
lnTrans		0.426*** (2.475)			0.381 (0.357)			0.395** (2.351)			0.376 (0.972)
lnICT			0.708*** (3.092)		0.688*** (3.524)				0.697*** (3.102)		0.625*** (3.157)
lnEng				0.150 (0.982)	0.373 (1.146)					0.328 (1.036)	0.402 (1.110)
Domestic						2.689*** (3.168)	1.983*** (2.310)	1.360* (1.792)	0.836 (1.419)	1.982** (2.478)	0.646 (1.238)
Policy		0.302*** (3.014)	0.113*** (2.998)	0.201*** (3.257)	0.118*** (3.333)	0.202*** (3.473)	0.202*** (3.473)	0.187*** (3.624)	0.305*** (3.246)	0.204*** (3.009)	0.201*** (3.135)
$lnGDPPC_i$		-0.635 (-1.240)	-0.528 (-1.114)	-0.873 (-1.003)	-0.635 (-0.912)	-0.528 (-0.982)	-0.528 (-0.982)	-0.691 (-1.097)	-0.738 (-1.271)	-0.643 (-1.028)	-0.519 (-1.001)
$lnGDPPC_j$		-0.098 (-1.210)	-0.678*** (-3.069)	0.354 (1.247)	-0.719*** (-3.087)	-9.204 (-1.074)	3.671 (0.396)	2.972 (0.982)	10.672*** (3.620)	6.341 (0.711)	20.931*** (3.671)
常数项	-9.250 (-1.037)	1.937 (1.114)	20.395*** (3.095)	4.201 (1.221)	20.375*** (2.997)	-9.372 (-0.824)	4.367 (1.118)	3.332 (0.993)	20.397*** (2.982)	6.371 (0.887)	21.385*** (3.664)
观测值	120	120	120	120	120	120	120	120	120	120	120
Adj-R^2	0.239	0.438	0.458	0.439	0.501	0.413	0.487	0.473	0.524	0.522	0.603

注：*、**与***分别表示10%、5%和1%的显著性水平。

以上基于 2005—2018 年中国—中南半岛经济走廊沿线国家的面板数据，采用引入基础设施变量的贸易引力模型和边界效应模型，系统考察基础设施建设对于中国—中南半岛经济走廊沿线国家贸易的影响，研究发现：①通信基础设施建设对中国—中南半岛经济走廊沿线各国双边贸易的影响最为显著，交通基础设施建设的促进效应次之，而能源基础设施建设的促进作用在考察期间的影响不显著，这可能是因为较之于其他基础设施，中国—中南半岛经济走廊能源基础设施缺失严重，而且投入大、周期长，对双边贸易的影响在考察期内尚未体现。此外，《东盟国家互联互通规划》显著促进了中国—中南半岛经济走廊的贸易。②中国—中南半岛经济走廊沿线存在贸易边界效应，其值在 3.90~14.72，这反映了走廊的贸易联系较密切①。由此可知，交通和通信基础设施的建设对走廊沿线各国的双边贸易有着显著的正向促进作用，其原因在于，随着交通基础设施不断建设与完善，地区间贸易往来时间得以缩短，贸易效率得以提升，这就大大降低了贸易成本以及贸易边界效应；通信基础设施的建设与完善有利于平衡信息不对称，市场分割的情况得以改善，促进了分工专业化、双边贸易及区域经济一体化。

4.2　深化国际产能合作的潜在需求分析

在国际产能合作的过程中，一国通过扩大对外投资、国际贸易等方式将产能转移到其他国家，有利于实现国家间优势互补的资源优化配置，与此同时，还向其他国家输出生产技术、产业标准，这不仅可以为输出国具有发展潜力的产业让渡资源，给新兴产业的发展创造空间，也能推动承接国产业的优化升级。如此一来，双方就实现了"共赢式"的经济发展。正因如此，"一带一路"将国际产能合作视为重点内容，《愿景与行动》和《关于推进国际产能和装备制造合作的指导意见》指出"推动国际产能合作是以开放促发展的必由之路，是与全球经济进行深度融合，从更高位势上嵌入世界产业链条，实现优势互补、合作共赢的重要举措，因此，要与

---

① 相关研究发现，发达国家之间的边界效应一般处于 6~25，发展中国家的边界效应在 70 左右，中国省际边界效应处于 4~27。参照标准，中国—中南半岛经济走廊沿线各国间的边界效应接近中国省际边界效应水平，这在一定程度上反映了该区域的边界效应较小，贸易联系较为紧密。

沿线重点国家构建产能合作机制，推动一批重点产能合作项目的落地实施，形成若干境外产能合作示范区，打造带动腹地发展的战略支点，促进沿线国家的经济繁荣"。

为了考察中国—中南半岛经济走廊沿线国家深化国际产能合作潜力，本书将采用"贸易互补性指数""加权产业内贸易指数"来对中国与中南半岛国家的贸易互补性进行分析，并采用"拉菲指数""贸易竞争力指数""出口相似性指数"对中国与中南半岛国家的贸易竞争性进行系统测度。贸易数据根据 UN Comtrade 数据库的相关数据整理计算得出，并将其按照国际贸易标准分类 SITC/Rev. 3 分为 SITC0-9 共 10 个部门①。

4.2.1 中国与中南半岛的贸易互补性

4.2.1.1 贸易互补性指数及测算结果分析

（1）贸易互补性指数

"显性比较优势（Revealed Comparative Advantage，RCA）指数"是由 Balassa（1965）提出，该指数用于测算国际贸易的比较优势[152]，通过一国某产业占本国所有出口份额与世界该产业占世界所有贸易总份额之间的比值表示，体现了一国出口产品在国际市场中的地位，能较好地反映一国贸易的比较优势，如式（4-12）所示。

$$RCA_{xik} = (X_{ik}/X_i)/(W_k/W) \qquad (4-12)$$

在式（4-12）中，RCA_{xik} 表示 i 国 k 类产品的显性比较优势指数，X_{ik} 表示 i 国 k 类产品的出口总额，X_i 表示 i 国总出口额，W_k 表示 k 类产品世界出口额，W 表示世界总出口额。在此基础上，于津平（2003）提出了"贸易互补性指数"[153]，本书就拟用此方法对中国与中南半岛国家间贸易结构的互补程度进行分析，其公式为

$$C_{ij} = \sum_k \left[C_{ijk} \times W_k/W) \right] = \sum_k \left[(RCA_{xik} \times RCA_{mjk}) \times (W_k/W) \right]$$

$$\qquad (4-13)$$

---

① SITC0 为粮食及活动物、SITC1 为饮料和烟草、SITC2 为除燃料以外的非使用未加工材料，SITC3 为矿物燃料、润滑剂及相关材料，SITC4 为动植物、脂肪和蜡，SITC5 为化学及有关制品，SITC6 为轻纺产品、橡胶制品、矿业产品及制品，SITC7 为机械及运输设备，SITC8 为杂项制品，SITC9 为未分类产品。按生产要素来源不同，SITC0-4 为初级产品，其中 SITC0-1 为资源密集型产品，SITC2-4 为能源密集型产品；SITC5-8 为工业产品，其中 SITC5 和 SITC7 多为资本或技术密集型产品，SITC6 和 SITC8 多为劳动密集型的产品；SITC9 为未分类和非常规产品。

在式（4-13）中，C_{ij} 表示 i 国与 j 国的贸易互补性指数，$C_{ijk} = \text{RCA}_{xik} \times \text{RCA}_{mjk}$ 表示 i 国出口 k 类产品与 j 国进口 k 类产品的贸易互补性指数。由于世界贸易是多种类产品的贸易，因此，在多产品或多行业并存的情况下，两国贸易的互补指数可用各产品或各行业的互补性指数的加权平均来计算，(W_k/W) 为加权系数，它表示世界贸易中各个种类产品的贸易比重。如果一个国家出口产品类别与另一个国家进口的产品类别吻合，那么两个国家的贸易互补性指数就大，反之则小。

（2）中国与中南半岛国家贸易互补性测算结果及分析

表 4-5 展示了 2010—2017 年中国与中南半岛国家贸易互补性测算结果，从中南半岛国家进口与中国出口的贸易互补性来看：在大多数产品上，中国出口与中南半岛国家进口的贸易互补性呈现出不断上升的趋势，说明中国大多数产品的出口与中南半岛国家同类产品进口的互补性逐年提升。就具体产品类别而言，中国 SITC6、SITC7 和 SITC8 类别产品的出口与中南半岛国家进口的贸易互补性指数大于 1，这就说明中国在 SITC6、SITC7 和 SITC8 这三个类别产品的出口与中南半岛国家的进口存在较高的互补性，也表明在与中南半岛国家的贸易中，中国的劳动密集型产品以及部分资本或技术密集型产品的比较优势较为明显，是具有较强产业竞争力的产品。再从中南半岛国家出口与中国进口的贸易互补性来看：中南半岛国家有五类产品出口与中国进口的贸易互补性有所提升，分别为 SITC0、SITC1、SITC2、SITC3 和 SITC9，其中中南半岛国家出口与中国进口存在较高互补性的有 SITC2、SITC4 和 SITC7 类别的产品，这表明中南半岛国家出口与中国进口存在互补性的产品多以初级产品或能源密集型产品为主。

表 4-5　中国与中南半岛国家的贸易互补性指数

SITC	年份							
	2010	2011	2012	2013	2014	2015	2016	2017
中国出口与中南半岛国家进口贸易互补性指数								
0	0.323	0.323	0.318	0.304	0.304	0.317	0.428	0.337
1	0.106	0.116	0.122	0.122	0.125	0.137	0.158	0.139
2	0.099	0.104	0.101	0.093	0.104	0.126	0.101	0.113
3	0.135	0.124	0.110	0.112	0.125	0.170	0.172	0.213
4	0.049	0.062	0.052	0.040	0.051	0.058	0.043	0.063

表4-5（续）

SITC	年份							
	2010	2011	2012	2013	2014	2015	2016	2017
中国出口与中南半岛国家进口贸易互补性指数								
5	0.401	0.457	0.420	0.407	0.434	0.441	0.343	0.471
6	1.263	1.340	1.396	1.489	1.537	1.521	1.345	1.481
7	1.762	1.708	1.718	1.709	1.548	1.478	1.425	1.452
8	1.295	1.367	1.469	1.458	1.383	1.148	2.146	1.335
9	0.018	0.026	0.009	0.011	0.014	0.012	0.031	0.034
中南半岛国家出口与中国进口贸易互补性指数								
0	0.282	0.317	0.377	0.721	0.417	0.499	1.043	0.487
1	0.151	0.209	0.257	0.687	0.304	0.385	0.749	0.385
2	2.403	2.772	2.361	0.392	2.002	2.480	0.400	2.541
3	0.767	0.788	0.838	1.065	0.901	1.126	1.093	1.184
4	5.088	4.692	4.657	2.501	3.135	2.596	2.207	2.243
5	0.722	0.801	0.805	0.683	0.759	0.748	0.529	0.683
6	0.452	0.422	0.430	0.731	0.478	0.416	0.645	0.405
7	1.445	1.332	1.322	1.468	1.318	1.328	1.356	1.268
8	0.753	0.738	0.732	0.633	0.692	0.657	1.230	0.730
9	0.344	0.764	0.827	0.745	0.912	0.685	0.429	0.549

表4-6展示了2017年中国出口与中南半岛各个国家进口的贸易互补性的测算结果，从中国出口与中南半岛各个国家进口的贸易互补性来看：中国对中南半岛各个国家的出口优势主要集中在SITC6、SITC7、SITC8等劳动密集型和部分资本或技术密集型产品上，部分初级产品对老挝有明显的出口优势。从中南半岛各个国家出口与中国进口的贸易互补性来看：中南半岛各个国家对中国的出口优势主要集中于初级产品上，马来西亚、新加坡、泰国和越南在部分资本或技术密集型产品上还具有一定的出口优势，柬埔寨、缅甸和越南的出口优势还体现在部分劳动密集型产品上。

表 4-6　2017 年中国出口与中南半岛国家进口贸易互补性指数

SITC	国家						
	柬埔寨	老挝	马来西亚	缅甸	新加坡	泰国	越南
中国出口与中南半岛国家进口贸易互补性指数							
0	0.276	0.443	0.419	0.685	0.162	0.358	0.480
1	0.795	1.210	0.098	0.181	0.232	0.055	0.050
2	0.126	0.048	0.165	0.040	0.033	0.118	0.189
3	0.146	0.199	0.188	0.271	0.326	0.201	0.076
4	0.012	0.009	0.130	0.405	0.048	0.022	0.041
5	0.330	0.265	0.473	0.483	0.381	0.512	0.578
6	4.760	2.656	1.287	2.167	0.602	1.942	2.220
7	0.708	1.352	1.534	1.052	1.574	1.263	1.475
8	1.196	0.591	1.237	0.854	1.506	1.330	1.236
9	0.016	0.007	0.021	0.008	0.053	0.050	0.002
中南半岛国家出口与中国进口贸易互补性指数							
0	0.306	1.032	0.243	2.101	0.110	0.891	0.838
1	0.138	3.433	0.261	0.263	0.556	0.411	0.138
2	2.787	18.666	2.780	4.301	0.786	4.990	2.154
3	0	3.363	1.967	3.406	1.636	0.446	0.288
4	0.324	0.003	10.331	0.021	0.074	0.425	0.115
5	0.124	0.272	0.550	0.036	1.068	0.738	0.172
6	0.275	0.493	0.446	0.563	0.176	0.621	0.518
7	0.228	0.273	1.256	0.153	1.398	1.277	1.195
8	3.958	0.318	0.517	1.104	0.466	0.456	1.517
9	0.269	0.512	0.127	0.096	1.254	0.346	0.019

注：由于部分数值过小，所以视为 0 处理。

4.2.1.2　加权产业内贸易指数及测算结果分析

（1）加权产业内贸易指数

所谓的产业内贸易，是指一国某段时期同一产业部门的产品既出口又进口的情况。为了衡量两个国家之间的产业内贸易水平，Grubel 和 Lloya（1975）提出了格鲁贝尔-劳埃德指数（G-L 指数）[154]，这是国际贸易领域迄今使用最广泛且最权威的方法。其具体公式为

$$GL_{jt} = \frac{(X_{jt} + M_{jt}) - |X_{jt} - M_{jt}|}{(X_{jt} + M_{jt})} = 1 - \frac{|X_{jt} - M_{jt}|}{(X_{jt} + M_{jt})} \tag{4-14}$$

在式（4-14）中，X_{jt} 表示 t 年产业 j 的出口额，M_{jt} 表示 t 年产业 j 的进口额，$|X_{jt} - M_{jt}|$ 表示产业 j 的产业间贸易额。G-L 指数取值范围为 [0，1]，端点值的情况为：当一国的某一产业只有进口或出口时，该国没有产业内贸易；当一国在某一产业的进出口相等时，该国所有贸易均为产业内贸易。所以，G-L 指数的值越接近 0，表明一国的产业内贸易程度越低；越接近 1，表明一国的产业内贸易程度越高。一般而言，若 G-L 指数小于 0.5，表示产业间贸易为主；若 G-L 指数大于 0.5，则表示产业内贸易为主。如果要计算两国间的产业内贸易指数，通常使用 G-L 指数来对贸易份额进行加权，本书参照吴燕和邓荣荣（2012）[155]的做法来计算国家 a 和 b 的加权产业内贸易（GLIIT）指数，公式为

$$\text{GLIIT}_{abt} = \sum_{j=1}^{J} \left(\left[\frac{X_{abjt} + M_{abjt}}{\sum_{j}(X_{abjt} + M_{abjt})} \right] \times \left[1 - \frac{|X_{abjt} - M_{abjt}|}{X_{abjt} + M_{abjt}} \right] \right) \quad (4\text{-}15)$$

在式（4-15）中，GLIIT_{abt} 表示国家 a 与 b 在 t 年的加权产业内贸易指数，X_{abjt} 表示在 t 年国家 a 对 b 在 j 产业上的出口额，M_{abjt} 表示在 t 年国家 a 对 b 在 j 产业上的进口额。

（2）中国与中南半岛国家加权产业内贸易指数测算结果及分析

表 4-7 展示了中国与中南半岛国家加权产业内贸易指数的测算结果。由计算结果可知：中国与中南半岛国家之间除了 SITC7 产品在 2008—2009 年的加权产业内贸易指数大于 0.5 以外，其余所有类别的产品在 2008—2018 年的加权产业内贸易指数均小于 0.5，而且绝大多数产品的加权产业内贸易指数远远小于 0.5。这充分说明，就目前而言，中国与中南半岛国家之间仍以产业间贸易为主，贸易互补性强于竞争性，这也在一定程度上说明了中国与中南半岛国家之间还存在很大的贸易潜力，具备很大的可贸易空间。

表 4-7　中国与中南半岛国家加权产业内贸易指数

SITC	年份										
	2008	2009	2010	2011	2012	2013	2014	2015	2016	2017	2018
0	0.023 7	0.035 1	0.033 3	0.033 9	0.040 5	0.038 9	0.039 6	0.043 0	0.042 4	0.038 8	0.040 4
1	0.000 5	0.000 7	0.000 5	0.000 4	0.000 4	0.000 5	0.000 8	0.000 8	0.000 9	0.001 1	0.000 9
2	0.007 2	0.007 5	0.008 7	0.009 3	0.008 8	0.008 7	0.009 2	0.008 1	0.008 5	0.009 1	0.009 8
3	0.037 1	0.054	0.050 9	0.031 5	0.031 3	0.041 4	0.041 9	0.034 8	0.039 7	0.046 1	0.058 6

表4-7（续）

SITC	年份										
	2008	2009	2010	2011	2012	2013	2014	2015	2016	2017	2018
4	0.001 1	0.000 3	0.000 56	0.000 5	0.000 6	0.000 5	0.000 5	0.000 4	0.000 2	0.000 3	0.000 6
5	0.075 5	0.068	0.069 5	0.072 8	0.071 0	0.071 2	0.075 7	0.076 5	0.082 7	0.085 4	0.085 5
6	0.049 3	0.052 2	0.060 8	0.066 1	0.057 5	0.057 1	0.115 7	0.055 4	0.048 9	0.038 5	0.040 3
7	0.517 8	0.522 7	0.447 2	0.427 0	0.444 9	0.443 2	0.392 4	0.411 4	0.439 5	0.441 4	0.444 8
8	0.040 8	0.038 7	0.042 2	0.044 8	0.051 6	0.046 8	0.050 3	0.054 7	0.066 6	0.068 3	0.068 7
9	0.000 9	0.000 9	0.000 5	0.000 8	0.000 6	0.000 7		0.002 4	0.009 4	0.006 7	0.005 1

表 4-8 展示了 2018 年中国与中南半岛各个国家加权产业内贸易指数的测算结果，由计算结果可知：中国除了与马来西亚、新加坡、泰国和越南在 SITC7 产品上的加权产业内贸易指数接近 0.5 以外，与所有国家几乎所有类别产品的加权产业内贸易指数均远远小于 0.5，这更进一步说明了中国与中南半岛各个国家之间产业内贸易有优势，贸易互补性强，存在较大的贸易潜力。

表 4-8　2018 年中国与中南半岛国家加权产业内贸易指数

SITC	国家						
	柬埔寨	老挝	马来西亚	缅甸	新加坡	泰国	越南
0	0.010 3	0.019 0	0.014 9	0.028 8	0.005 4	0.066 7	0.040 3
1	0.000 8	0.009 8	0.000 4	0.000 3	0.001 4	0.000 5	0.000 4
2	0.006 6	0.004 5	0.007 5	0.016 3	0.002 0	0.012 3	0.014 1
3	0	0.002 3	0.025 7	0.047 0	0.094 4	0.005 3	0.009 9
4	0	0	0.001 7	0	0.000 3	0.000 4	0.000 1
5	0.011 3	0.050 2	0.072 6	0.010 1	0.052 3	0.128 8	0.018 6
6	0.098 9	0.081 1	0.020 7	0.110 8	0.009 0	0.047 9	0.056 8
7	0.032 3	0.028 9	0.368 9	0.004 2	0.334 2	0.414 2	0.443 7
8	0.155 7	0.017 9	0.038 7	0.017 9	0.080 1	0.074 0	0.083 1
9	0.000 6	0.033 1	0.000 3	0.071 5	0.001 6	0.000 4	0.004 7

注：由于部分数值过小，所以视为 0 处理。

4.2.2 中国与中南半岛的贸易竞争性

4.2.2.1 拉菲指数及测算结果分析

（1）拉菲指数

与传统的侧重于产业间贸易的 RCA 指数相比，Lafay（1992）提出的"拉菲指数"同时考虑了出口与进口的贸易流向，而且还通过在将分类贸易额和贸易总额构成的可比净出口指数的基础上再以贸易份额作为权重，消除了贸易模式中的周期性因素（Zaghini，2005）[156]，其具体计算公式为

$$\text{LFI}_{ij} = 100 \times \left(\frac{X_{ij} - M_{ij}}{X_{ij} + M_{ij}} - \frac{\sum\limits_{j=1}^{n} (X_{ij} - M_{ij})}{\sum\limits_{j=1}^{n} (X_{ij} + M_{ij})} \right) \times \frac{X_{ij} + M_{ij}}{\sum\limits_{j=1}^{n} (X_{ij} + M_{ij})} \quad (4-16)$$

在式（4-16）中，X_{ij} 和 M_{ij} 分别表示 i 国 j 产业部门产品对世界的出口额与进口额，n 为该国产品可贸易部门数，本书 n 取 10。不难看出，i 国在 j 产品上的比较优势等于 j 产品净出口比率指数与加总的净出口比率指数之差额，乘以 j 产品的贸易额在 i 国贸易总额中所占的比重。即括号内的项是产业部门 j 的贸易竞争指数 $\dfrac{X_{ij} - M_{ij}}{X_{ij} + M_{ij}}$ 与各产业部门贸易累积竞争指数 $\sum\limits_{j=1}^{n} (X_{ij} - M_{ij}) \Big/ \sum\limits_{j=1}^{n} (X_{ij} + M_{ij})$ 的背离程度，括号外的项是 j 产业部门贸易总额在 i 国贸易总额中的比重 $X_{ij} + M_{ij} \Big/ \sum\limits_{j=1}^{n} (X_{ij} + M_{ij})$。若 $\text{LFI}_{ij} > 0$，表明 i 国 j 产业部门具有专业化优势，指数值越大，专业化程度越高；若 $\text{LFI}_{ij} < 0$，说明 i 国 j 产业部门缺乏比较优势，专业化程度较低，更依赖于进口；拉菲指数越接近于零，说明该国该产业部门的产业内贸易程度越高。也就是说，无关指数值的正负，只要偏离零值越远，就表明该国该产业部门的产业内贸易程度越低。

（2）中国与中南半岛国家商品贸易部门拉菲指数测算结果及分析

本书参照吴贤彬等（2012）[157]、陆文聪和许为（2015）[158] 的做法，利用公式（4-16）测算中国与中南半岛国家 2010—2017 年 SITC0-9 产业部门的拉菲指数情况，如表4-9所示。从中国产品贸易部门的拉菲指数来看：中国在 SITC1-5 和 SITC9 部门的拉菲指数均为负值，在 SITC6-8 部门的拉菲指数均为正，表明中国在制造业等资本或劳动密集型产品的竞争优

势要明显强于资源或能源密集型产品。再从中南半岛国家的产品贸易部门的拉菲指数来看：中南半岛国家的 SITC0、SITC4、SITC7、SITC8 和 SITC9 的拉菲指数均为正，SITC1、SITC2 部门的拉菲指数大多为正，说明中南半岛国家的竞争优势主要体现在部分初级产品以及部分资本或技术密集型产品上。由此可见，虽然中国与中南半岛国家在 SITC7、SITC8 等产品上表现出一定的竞争性，但在众多产品部门具备较大的互补性，也即，中国与中南半岛国家间贸易的互补性大于竞争性，具备较大的优势互补空间。

表 4-9　中国与中南半岛国家商品贸易部门拉菲指数

| SITC | 年份 | | | | | | | |
	2010	2011	2012	2013	2014	2015	2016	2017
中国商品贸易部门拉菲指数								
0	0.529	0.504	0.300	0.191	0.062	−0.219	−0.090	−0.070
1	−0.026	−0.046	−0.058	−0.056	−0.071	−0.097	−0.106	−0.113
2	−7.198	−7.763	−7.038	−6.986	−6.492	−5.803	−5.949	−6.637
3	−5.900	−7.045	−7.823	−7.288	−7.290	−5.179	−4.824	−5.925
4	−0.309	−0.318	−0.349	−0.267	−0.221	−0.219	−0.213	−0.221
5	−2.568	−2.152	−2.132	−2.148	−2.024	−2.183	−2.200	−2.077
6	3.182	4.098	4.119	4.368	4.125	4.530	4.440	4.379
7	5.046	5.668	5.569	5.286	4.347	2.922	2.705	3.957
8	7.857	8.409	9.262	9.537	9.611	8.702	8.476	8.354
9	−0.611	−1.356	−1.850	−2.636	−2.047	−2.454	−2.239	−1.647
中南半岛国家商品贸易部门拉菲指数								
0	0.938	1.147	1.105	0.917	0.995	0.845	0.364	0.934
1	−0.003	−0.001	0.028	0.026 4	0.038	0.063	0.044	0.035
2	0.211	0.397	0.130	0.182	−0.063	−0.041	0.180	0.036
3	−2.680	−3.489	−3.645	−3.503	−3.644	−2.241	−1.674	−2.594
4	0.807	0.912	0.778	0.687	0.630	0.486	0.526	0.500
5	−0.299	0.110	0.359	0.167	0.099	−0.239	0.535	−0.657
6	−2.586	−2.495	−2.340	−2.384	−2.653	−2.881	−1.876	−2.717
7	0.639	0.453	0.171	0.890	1.017	0.648	0.856	1.020
8	2.276	2.393	2.341	2.546	2.826	3.133	0.761	3.175
9	0.696	0.573	1.071	0.472	0.753	0.228	0.283	0.268

4.2.2.2 贸易竞争力指数及测算结果分析

（1）贸易竞争力指数

贸易竞争力指数可以计算两国之间主要贸易产品的竞争力水平，其计算公式为

$$\mathrm{TCI}_i = (\mathrm{EX}_i - \mathrm{IM}_i)/(\mathrm{EX}_i + \mathrm{IM}_i) \qquad (4-17)$$

在式（4-17）中，EX_i 和 IM_i 表示中国向中南半岛国家第 i 类产品的出口额与进口额。当 $\mathrm{TCI}_i \geqslant 0.5$ 时，说明中国 i 类产品在中南半岛国家市场具有高比较优势；当 $0 \leqslant \mathrm{TCI}_i \leqslant 0.5$ 时，说明中国 i 类产品在中南半岛国家市场具有低比较优势；当 $-1 \leqslant \mathrm{TCI}_i \leqslant -0.5$ 时，中国 i 类产品在中南半岛国家市场中具有高比较劣势；当 $-0.5 \leqslant \mathrm{TCI}_i \leqslant 0$ 时，中国 i 类产品在中南半岛国家市场上具有低比较劣势。

（2）中国与中南半岛国家贸易竞争力指数测算结果及分析

本书参考文东伟和冼国明（2009）[159] 的做法，利用式（4-17）对 2018 年中国与中南半岛各国的贸易竞争力进行分析，结果如表 4-10 所示。由计算结果可见：2018 年中国与中南半岛国家的贸易中，中国的 SITC6、SITC8 产品的出口比较优势明显，是具备较强竞争力的产品，呈现明显的出口专业化状态，这充分说明中国出口的劳动密集型产品在中南半岛国家市场具有较大的竞争优势，劳动密集型产品的竞争力较高，处于专业化出口水平，这与前文所得出的"中国向中南半岛国家出口劳动密集型产品比重较大"的结论一致；同时，中国出口的初级产品不具备竞争力，处于专业化进口水平，这也与前文所得出的"中国从中南半岛国家主要进口初级产品占比较大"的结论相符合。

表 4-10　2018 年中国与中南半岛国家贸易竞争力指数

SITC	国家						
	柬埔寨	老挝	马来西亚	缅甸	新加坡	泰国	越南
0	-0.627	-0.657	0.460	0.276	0.514	-0.225	0.204
1	0.677	-0.020	0.489	0.934	0.254	-0.579	0.334
2	-0.558	-0.986	-0.725	-0.824	-0.669	-0.850	-0.465
3	0.999	-0.142	-0.798	-0.510	0.409	-0.688	0.447
4	-0.424	0.348	-0.893	0.959	0.112	-0.492	0.205
5	0.729	0.151	-0.053	0.812	-0.606	-0.145	0.650

表4-10(续)

SITC	国家						
	柬埔寨	老挝	马来西亚	缅甸	新加坡	泰国	越南
6	0.831	0.509	0.781	0.650	0.874	0.639	0.709
7	0.807	0.867	−0.309	0.982	0.275	−0.029	−0.044
8	−0.014	0.431	0.596	0.681	0.366	0.277	0.323
9	0.257	−0.746	0.681	−0.294	−0.946	0.567	−0.931

4.2.2.3　出口相似性指数及计算结果分析

（1）出口相似性指数

出口相似度指数用来衡量两个国家对共同目标市场出口商品结构的相似程度，即国家之间经济结构的趋同或差异度。ESI 指数随密集型时间推移而趋于收敛时，指数上升反映的是一国经济快速增长、产业结构合理、工业化进程加快等特性（Finger & Kreinin，1979）[160]。为了消除经济规模差异对两地出口相似度指数测度影响，本章采用 Glick 和 Rose（1898）提出的修正出口相似度指数来测度中国与中南半岛国家在世界市场上的竞争情况[161]，其具体计算公式为

$$\text{ESI}_{ij} = \left\{ \sum_{k=0}^{n} \left[\left(\frac{X_{iw}^k/X_{iw} + X_{jw}^k/X_{jw}}{2} \right) \left(1 - \left| \frac{X_{iw}^k/X_{iw} - X_{jw}^k/X_{jw}}{X_{iw}^k/X_{iw} + X_{jw}^k/X_{jw}} \right| \right) \right] \right\} \times 100$$

$$(4-18)$$

在式（4-18）中，w 表示 i、j 两国的共同出口目的地，X_{iw}^k / X_{iw} 和 X_{jw}^k / X_{jw} 分别表示 i 国和 j 国 k 类产品对 w 的出口额占该国对 w 所有产品出口总额的比重。$0 \leqslant \text{ESI}_{ij} \leqslant 100$，即如果 i、j 两国出口到 w 的产品分布完全相同，则指数值为 100；如果 i、j 两国出口到 w 的产品分布完全不同，则指数值为 0。如果 ESI 指数随时间上升，表明两国的出口结构趋于收敛且在 w 的竞争程度趋于激烈（Pearson，1998）[162]。如果 ESI 指数随着时间下降，表明两国在 w 的专业化分工程度日益上升，两国贸易互补性增强。

（2）中国与中南半岛国家出口相似度指数计算结果及分析

本书参照成蓉和程惠芳（2011）[163]、胡玫和郑伟（2019）[164]的做法，利用式（4-18）测算 2010—2017 年中国与南半岛国家的 ESI 指数。如图 4-1 所示，中国与越南、新加坡、马来西亚和泰国的出口相似度较高，2010—2017 年的出口相似度均值分别为 70.73%、67.50%、75.10% 和

74. 41%。对于双边贸易发展而言，较高的出口相似度指数是较为不利的，但这从另一个侧面也恰好说明，中国与越南、新加坡、马来西亚和泰国可以注重各自不同的优势来发展互补性产业。中国与老挝、柬埔寨和缅甸的出口相似度较低，2010—2017 年的出口相似度均值分别为 37.72%、34.17% 和 29.31%，说明中国与这些国家的双边贸易有很大的发展空间。

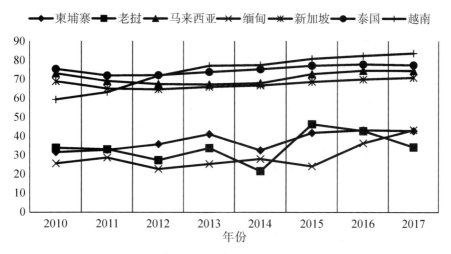

图 4-1　中国与中南半岛国家出口相似性指数

通过以上对中国与中南半岛国家之间产业互补性与竞争性的系统测度发现：①从贸易互补性指数来看，中国的工业产品或资源密集型产品出口与中南半岛国家同类商品的进口、中南半岛国家初级产品或能源密集型产品出口与中国同类产品的进口存在较强的互补性；从中国与中南半岛国别贸易互补性来看，中国部分初级产品对老挝有明显的出口优势，越南、泰国、马来西亚和新加坡在部分资本或技术密集型产品上对中国具有一定的出口优势，柬埔寨、缅甸和越南对中国的出口优势体现在部分劳动密集型产品上。②从加权产业内贸易指数来看，中国与中南半岛国家间仍以产业内贸易为主，贸易互补性强于竞争性，存在较大的贸易潜力；从加权产业内贸易指数的国别情况来看，中国与马来西亚、新加坡、泰国和越南在机械及运输设备上表现出产业间贸易趋势。③从拉菲指数来看，中国在制造业等资本或劳动密集型产品上的竞争优势要明显强于资源或能源密集型产品，而中南半岛国家在部分初级产品以及部分资本或技术密集型产品上具有一定的竞争优势，双方具备优势互补空间。④从贸易竞争力指数来看，中国出口的劳动密集型产品在中南半岛市场具有较大的竞争优势，处于专业化出口水平，而中国出口的初级产品总体竞争性较弱，处于专业化进口水平。⑤从出口相似性指数来看，中国与马来西亚、新加坡、泰国、越南的出口相似性较高，说明中国与它们可以注重发挥各自不同优势来发展互补性产业；中国与老挝、柬埔寨和缅甸的出口相似性较低，说明中国与这些国家的双边贸易具有进一步深化的空间。

4.3 中国推进中国—中南半岛经济走廊建设的优势分析

区域经济的合作与发展离不开核心经济体的主导与引领，经济走廊的建设与推进亦然。作为建设中国—中南半岛经济走廊倡议的提出国以及区域内的关键大国，中国是否能够在推进该走廊的过程中发挥更积极的作用？对此，本书第3章已从理论与现实层面进行了简要的论述分析，认为：一方面，中国—中南半岛经济走廊作为"一带一路"倡议下的次区域国际开发合作，具有典型的区域性公共产品性质，而中国作为该区域的大国，有必要肩负起区域性公共产品生产与提供的责任，这是中国向全球大国迈进的必经之路；另一方面，伴随着中国经济的发展，中国在资金、工业体系、制造能力、技术创新等方面积累了明显的优势，更重要的是，在中国—中南半岛经济走廊的区域产业分工格局中，中国凭借其较强的产业竞争力成为产业循环体系中的重要一环，因此，中国也有能力在推进中国—中南半岛经济走廊的建设过程中发挥更积极的作用。为了使这一结论更加科学严谨，本节将对中国推进中国—中南半岛经济走廊的优势进行论证与检验。前述的分析也已明确指出，中国—中南半岛经济走廊建设的核心任务在于"构建以中国为主导的跨国生产网络和差别化的国际产能合作路径，打造'一带一路'国际产能示范区"，中国要在此过程中发挥更积极的作用，是否具备产业竞争力就显得尤为重要。鉴于此，本节将分别从贸易增加值和"一带一路"倡议之后国内产业升级能力的视角来实证检验中国的产业竞争力，以考察中国是否真正具备推进中国—中南半岛经济走廊"因廊施策"，即重点加强国际产能合作的推动力。

4.3.1　基于贸易增加值视角的中国产业竞争力检验

4.3.1.1　模型、测算方法与数据来源

（1）国际投入—产出模型

为了能系统地刻画出各个经济体各产业间的生产消耗关系以及直接、间接增加值的创造过程，Timmer 等（2012）提出了"国际投入—产出模型（ICIO）"，如表 4-11 所示。由表 4-11 可见，中间投入部分包含了 A，B，…，ROW[①] 等多个国家，明确给出了一国各产业产值被其他国家各产业作为中间消耗的指数；同样地，最终使用部分也包含 A，B，…，ROW 等多个国家，也明确给出了一国产品被其他国家最终使用的数值。这是目前测算贸易增加值较为科学的工具。

表 4-11　国际投入—产出模型

投入			产出								总产出
			中间使用				最终使用				
			A 国	B 国	…	ROW	A 国	B 国	…	ROW	
			$1,\cdots,N$	$1,\cdots,N$		$1,\cdots,N$					
中间投入	A 国	$1,\cdots,N$	X^{AA}	X^{AB}	…	X^{AR}	F^{AA}	F^{AB}	…	F^{AR}	X^{A}
	B 国	$1,\cdots,N$	X^{BA}	X^{BB}	…	X^{BA}	F^{BA}	F^{BB}	…	F^{BR}	X^{B}
	…	$1,\cdots,N$	…	…	…	…	…	…	…	…	
	ROW	$1,\cdots,N$	X^{RA}	X^{RB}	…	X^{RR}	F^{RA}	F^{RB}	…	F^{RR}	X^{R}
增加值		$1,\cdots,N$	V^{A}	V^{B}	…	V^{R}					
总投入		$1,\cdots,N$	X^{A}	X^{B}		X^{R}					

从水平方向来看，中间投入部分的 X^{AA} 表示 A 国各产业被其他产业中间消耗的部分，同样地，X^{AB} 就表示 A 国产业被 B 国产业中间消耗的部分；在最终使用部分，F^{AA} 表示 A 国产业被 A 国产业最终消耗的部分，类似的，F^{AB} 就表示 A 国产业被 B 国产业最终消耗的部分；最后一列总产出 X^{A} 表示 A 国所有产业的产出，即 $X^{A} = (X^{AA} + X^{AB} + \cdots + X^{AR}) + (F^{AA} + F^{AB} + \cdots + F^{AR})$。从竖直方向来看，$X^{AA}$、$X^{BA}$ 和 X^{RA} 分别表示 A 国为得到 X^{A} 的产值所消耗的 A、B 和其他国家各行业产值的矩阵；V^{A} 表示 A 国的增加值；最后一行

---

① ROW（Rest of World）表示世界的其他经济体。

总投入表示 A 国各产业的总投入，即有（$X^{AA} + X^{BA} + \cdots + X^{RA}$）$+ V^A = X^A$。

可以将以上关系写成如下矩阵：

$$X = AX + F = LF \tag{4-19}$$

在式（4-19）中，X 为总产出矩阵，AX 为中间投入矩阵，A 为直接消耗系数矩阵，F 为最终消耗矩阵，$L = (I - A)^{-1}$ 为里昂惕夫逆矩阵。

为了简化分析过程，以 r、s、t 三个国家为例将式（4-19）写为矩阵形式，具体为

$$
\begin{pmatrix} X_r \\ X_s \\ X_t \end{pmatrix} = \begin{pmatrix} A^{rr} & A^{rs} & A^{rt} \\ A^{sr} & A^{ss} & A^{st} \\ A^{tr} & A^{ts} & A^{tt} \end{pmatrix} \begin{pmatrix} X_r \\ X_s \\ X_t \end{pmatrix} + \begin{pmatrix} F^{rr} & F^{rs} & F^{rt} \\ F^{sr} & F^{ss} & F^{st} \\ F^{tr} & F^{ts} & F^{tt} \end{pmatrix}
$$

$$
= \begin{pmatrix} I-A^{rr} & -A^{rs} & -A^{rt} \\ -A^{sr} & I-A^{ss} & -A^{st} \\ -A^{tr} & -A^{ts} & I-A^{tt} \end{pmatrix}^{-1} \begin{pmatrix} F^{rr} & F^{rs} & F^{rt} \\ F^{sr} & F^{ss} & F^{st} \\ F^{tr} & F^{ts} & F^{tt} \end{pmatrix} \tag{4-20}
$$

式（4-20）即为最终需求所拉动的总产出公式，即经典的里昂惕夫公式。如果仅是计算隐含于一国总出口中的国内增加值，里昂惕夫法已足够。但随着中间品贸易比重的不断上升，将中间品贸易分解为被不同国家和部门最终吸收的各种增加值就显得尤为必要，但里昂惕夫法只能分解最终品，仅能得到国内增加值与国外增加值的构成，而不能将国家间的中间品贸易进一步地分解为各类增加值，这就难以满足当前复杂的经济政策和应用研究之需。在如此背景下，Koopman 等（2008、2010、2012）以增加值作为统计口径，提出了"KPWW 法①"[165][166][167][168]，这一方法将出口分解为"被国外吸收的国内增加值""返回并被本国吸收的国内的增加值""国外增加值""纯重复计算部分"四个部分，并根据出口品价值的最终去向将其进一步分为九个部分。"KPWW 法"对于产品价值在各国间的分配进行了较为完整的反映，并且将重复计算部分排除在外，更真实地展现了各国各产业的实际贸易利得，但它也只能分解一国的总出口，对于不同出口品在进行各种增加值和重复计算分解时的异质性，它是无法反映的。鉴于此，Wang 等（2013）扩展了"KPWW 法"，提出了能从多个层面（双边/产业部门、双边、国家/产业部门）实现出口贸易完全分解的"WWZ 模

---

① KPWW 方法通过构建全球多部门投入产出的数据库，将国内增加值统计从单一国家拓展至区域乃至全球，全方位地对一国贸易中国内与国外的增加值进行估算。

型",该模型将经济体的出口贸易总额分解为 16 个组成部分,如图 4-2 所示。

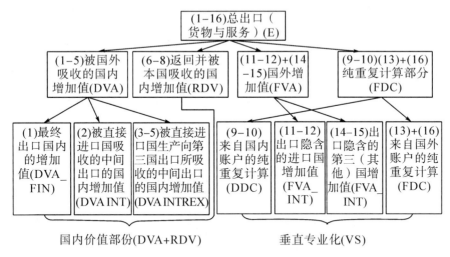

图 4-2 "WWZ 模型"的基本框架

(2)测算方法

①修正显性比较优势指数。本节基于出口的国内和国外生产分工,以及上述出口贸易总额分解合并的结果,对上一节所使用的传统 RCA 指数进行了改进,完成贸易增加值对出口额的替换,形成一种测量一国产业部门显性比较优势的新指标,即"NRCA 指数",其具体公式为

$$\mathrm{NRCA}_i^r = \frac{(\mathrm{VAX\_F}_i^r + \mathrm{RDV\_F}_i^r) / \sum_i^n (\mathrm{VAX\_F}_i^r + \mathrm{RDV\_F}_i^r)}{\sum_t^G (\mathrm{VAX\_F}_i^r + \mathrm{RDV\_F}_i^r) / \sum_t^G \sum_i^n (\mathrm{VAX\_F}_i^r + \mathrm{RDV\_F}_i^r)}$$

$$(4-21)$$

在式(4-21)中,分子项表示一国某类产业出口的增加值占该国出口国内增加值的比值,分母项表示该产业的国内增加值占世界所有产业出口国内增加值的比值。当 NRCA>1 时,表示一国的产业部门出口具有显性比较优势;当 NRCA<1 时,表示一国的产业部门出口为显性比较劣势;当 NRCA = 1 时,说明一国的产业部门出口处于世界平均水平。

②垂直专业化程度。随着国际分工的日益深化,一国既可以从生产过程前段或通过产品开发、创新设计等上游环节参与全球价值链,也可以从生产过程的后端或通过产品加工、组装等下游环节参与全球价值链。通过对这两种参与全球价值链分工方式的观察,Hummels 等(2001)创新性地

提出了"后向垂直专业化（VS_B）"和"前向垂直专业化（VS_F）"[169]，分别从进口（使用）与出口（供给）考察一国参与全球价值链的分工程度。"后向垂直专业化程度"是指一国出口商品中所使用进口中间投入的份额，反映了该国依赖其他国家出口的程度；"前向垂直专业化程度"是指一国出口商品中作为中间投入供给其他国家的份额，反映了该国出口贡献其他国家出口的程度。基于出口贸易总额分解合并的结果以及垂直专业化的定义，本节构建了相应的"后向垂直专业化程度"和"前向垂直专业化程度"的指标，具体为

$$VS\_B = \frac{(FVA\_FIN + FVA\_INT + FDC)}{E}$$

$$VS\_F = \frac{(DVA\_REX + RVD + DDC)}{E} \qquad (4-22)$$

VS_B 指数越大，表示一国依赖其他国家出口的程度越大，反之则反；VS_F 指数越大，表示一国贡献其他国家出口的程度越大，反之则反。

③价值链位置指数。Koopman 等（2012）提出的价值链位置指数（GVCPO），旨在通过一国出口给其他国家的中间商品及从其他国家进口的中间商品来度量该国在价值链中所在的位势，根据位势的不同来考察各国在全球价值链分工中所处环节技术含量的高低。如果一国主要是通过出口给其他国家中间商品来参与全球价值链分工，则其在全球价值链中处于相对上游的环节，其间接出口增加值（IV）[1] 占比要高于国外增加值（FV）[2] 占比；如果一国主要通过进口其他国家中间商品参与全球价值链分工，则其在全球价值链中就处于相对下游的环节，其国外增加值占比就高于间接出口增加值占比。价值链位置指数的具体公式为

$$GVCPO = \ln\left(1 + \frac{IV}{E}\right) - \ln\left(1 + \frac{FV}{E}\right) \qquad (4-23)$$

GVCPO 越大，表明该经济体在全球价值链中分工越处于相对上游环节，反之则反。基于上文对出口贸易总额的分解，可将式（4-23）进一步写为

$$GVCPO = \ln\left(1 + \frac{DVA\_INTREX}{E}\right) - \ln\left(1 + \frac{FVA\_FIN + FVA\_INF}{E}\right) \qquad (4-24)$$

---

① 本书中的 IV 是指被直接进口国使用向第三国出口所吸收的中间货物出口的国内增加值。

② 本书中的 FV 是指国外增加值，包括以最终货物出口的国外增加值和以中间货物出口的国外增加值。

（3）数据来源与说明

本书所采用的数据为"世界投入—产出数据库（WIOD）"发布的2000—2014年的"世界投入—产出表（WIOTs）"。本书参考樊茂清和黄薇（2014）[170] 的方法，将产业部门划分为初级产品和资源产品、制造业和服务业，并按要素来源不同对其进行进一步划分，具体如表4-12所示。

表4-12　WIOD产业部门代码及技术分类

部门技术分类	产业部门代码
初级产品和资源产品	C1-C4
劳动密集型制造业	C6、C7、C13、C22
资本密集型制造业	C5、C8-10、C14-16
知识密集型制造业	C11-12、C17-21、C23
劳动密集型服务业	C27-30、C34、C36、C55-56
资本密集型服务业	C24-25、C31-33、C35、C39、C44
知识密集型服务业	C37、C40-43、C45-50
健康、教育和公共服务业	C26、C38、C51-54

4.3.1.2　测算结果及分析

（1）中国产业的显性比较优势

表4-13展示了中国各类产业的NRCA指数的测算结果，从结果可见：中国初级产品和资源产品整体的国际竞争力在2000—2014年明显减弱，从2007年起其NRCA指数开始小于1，说明中国初级产品和资源产品逐渐失去了国际竞争力。中国制造业整体NRCA指数均大于1，可见，中国在制造业领域具有一定的国际竞争优势，其中劳动密集型制造业的NRCA指数均大于2（除2014年外），体现了中国劳动密集型制造业较强的国际竞争优势，但随着中国人口红利式微所带来的劳动力成本上升，劳动密集型制造业的国际竞争力开始逐年下滑；中国的资本密集型制造业也体现出了一定的产业国际竞争力，但其竞争优势还是不及劳动密集型制造业，有待进一步提升；在知识密集型制造业方面，其NRCA指数从2003年起开始大于1，并在之后持续攀升，说明中国的知识密集型制造业从2003年开始具备一定的比较优势且持续攀升，但相较于其他类型制造业，其国际竞争力仍相对薄弱。中国服务业NRCA指数多数小于1，说明中国服务业的整体国

际竞争力还较为薄弱，但有逐年上升的趋势，其中：劳动密集型服务业NRCA 指数从 2012 年起大于 1，说明其国际竞争力在逐年增强；资本密集型服务业 NRCA 指数从 2008 年起降到 1 以下，并在波动中不断下降，说明中国资本密集型服务业的国际竞争力水平较低；知识密集型服务业以及健康、教育和公共服务业的 NRCA 指数均小于 1，国际竞争力较弱，但知识密集型服务业的显性比较优势呈现不断上升的趋势。

表 4-13 中国各类产业 NRCA 指数

年份	初级产品和资源产品	制造业				服务业				
		整体	劳动密集型	资本密集型	知识密集型	整体	劳动密集型	资本密集型	知识密集型	健康、教育和公共服务业
2000	1.352	1.209	2.512	1.157	0.834	0.732	0.806	1.146	0.396	0.743
2001	1.336	1.213	2.391	1.152	0.869	0.744	0.818	1.161	0.382	0.901
2002	1.307	1.205	2.237	1.164	0.903	0.758	0.858	1.161	0.387	0.938
2003	1.283	1.273	2.268	1.207	1.002	0.705	0.782	1.082	0.382	0.785
2004	1.199	1.309	2.199	1.263	1.073	0.688	0.738	1.091	0.392	0.632
2005	1.114	1.336	2.325	1.247	1.092	0.687	0.744	1.057	0.395	0.668
2006	1.026	1.358	2.391	1.260	1.114	0.696	0.726	1.073	0.433	0.633
2007	0.998	1.365	2.346	1.267	1.140	0.707	0.727	1.076	0.476	0.588
2008	0.939	1.390	2.249	1.314	1.194	0.717	0.810	0.967	0.503	0.584
2009	0.969	1.361	2.217	1.261	1.164	0.738	0.886	0.945	0.523	0.585
2010	0.864	1.369	2.046	2.272	1.235	0.758	0.929	0.939	0.542	0.532
2011	0.787	1.375	2.084	1.257	1.246	0.787	0.990	0.958	0.555	0.519
2012	0.751	1.369	2.146	1.243	1.220	0.808	1.034	0.948	0.575	0.546
2013	0.810	1.347	2.090	1.213	1.206	0.756	1.018	0.961	0.578	0.538
2014	0.868	1.308	1.988	1.183	1.177	0.811	1.024	0.961	0.590	0.564

总之，中国产业的国际竞争力主要体现在制造业尤其是劳动密集型制造业上，但该优势伴随着中国劳动成本的上升正在逐年下滑，而中国服务业的国际竞争力虽然仍显薄弱，但从测算结果可以看出，从 2012 年起，劳动密集型服务业就开始具备一定的竞争优势。可见，中国的初级产品和资源产品渐渐失去国际竞争力，制造业的国际竞争力无论是在整体上还是在技术细分层面均较强，中国处于优势的产业部门多为高技术产业，劣势明显的

部门主要为传统产业以及资源型产业，而且从发展趋势来看，中国高技术产业上的国际竞争力逐年提升，意味着中国对高端产业的控制力越来越强。

（2）中国产业的垂直专业化程度

根据式（4-22）可以求得中国参与全球价值链分工的后向和前向垂直专业化程度，用以考察中国在与世界的贸易往来中是更多地依赖进口，还是更多地提供出口。

不同产业的总体垂直专业化率。表4-14展示了中国参与全球价值链分工的垂直专业化情况，由表4-14中可见：2000—2014年中国初级产品和资源产品的后向垂直专业化率和前向垂直专业化率呈现下降趋势，并且后向垂直专业化率明显低于前向垂直专业化率；中国制造业的前后向垂直专业化率出现了明显的波动，其中前向垂直专业化率在波动中有所提升，从2000年的11.93%上升到2014年的14.83%，但后向垂直专业化率依旧明显高于前向垂直专业化率；中国服务业的前向垂直专业化率实现了小幅攀升，但后向垂直专业化率出现了下降，前向垂直专业化率显著高于后向垂直专业化率。由此看来，中国各产业参与全球价值链的程度日渐提升，除制造业外，中国的后向垂直专业化率都明显低于同期的前向垂直专业化率，这意味着中国开始更多地以前向的方式参与全球价值链的分工，更多地从依赖进口转向提供出口。

表4-14　中国参与全球价值链的垂直专业化程度

年份	VS_B /%			VS_F /%		
	初级产品和资源产品	制造业	服务业	初级产品和资源产品	制造业	服务业
2000	6.41	18.51	10.39	23.52	11.93	17.76
2001	6.32	17.79	9.73	23.01	11.98	17.96
2002	6.78	19.57	10.13	22.01	12.19	18.65
2003	8.05	22.81	11.24	20.81	11.99	19.01
2004	9.75	25.30	12.59	22.19	12.38	19.05
2005	10.23	25.31	12.42	22.51	11.93	19.33
2006	9.93	25.14	12.70	21.49	12.66	19.09
2007	9.34	25.23	14.70	19.96	12.34	18.79
2008	10.23	23.59	11.81	22.37	13.17	18.28
2009	7.85	19.73	9.22	18.27	12.25	17.27

表4-14(续)

年份	VS_B /%			VS_F /%		
	初级产品和资源产品	制造业	服务业	初级产品和资源产品	制造业	服务业
2010	9.28	21.80	6.53	18.14	13.26	18.09
2011	10.14	21.53	9.97	19.03	14.17	19.26
2012	9.43	20.15	8.91	19.46	13.83	18.89
2013	8.83	19.68	5.87	17.59	14.32	18.09
2014	7.86	17.69	7.66	17.90	14.83	18.61

②不同技术类别的垂直专业化率。表4-15展示了中国不同技术类别的制造业参与全球价值链的垂直专业化程度，由表4-15中可见，2000—2014年，中国劳动密集型和知识密集型制造业的后向垂直专业化率高于前向垂直专业化率，资本密集型制造业的后向与前向的垂直专业化率则大体相当，表明中国制造业主要是以后向参与的方式融入全球价值链的分工体系之中，即主要通过来料加工的方式参与其中。

表4-15 中国制造业参与全球价值链分工的垂直专业化程度

年份	制造业 VS_B/%			制造业 VS_F/%		
	劳动密集型	资本密集型	知识密集型	劳动密集型	资本密集型	知识密集型
2000	15.33	12.73	23.31	7.22	17.27	14.03
2001	14.88	11.64	22.33	7.17	16.16	14.51
2002	15.93	12.41	24.59	7.65	16.39	14.16
2003	17.20	15.18	28.55	7.51	17.31	13.25
2004	18.67	18.08	30.88	8.13	18.85	12.76
2005	18.00	18.20	30.93	7.49	17.58	12.86
2006	17.31	18.13	30.86	7.74	19.19	13.52
2007	16.53	18.22	31.01	7.32	19.16	13.13
2008	15.05	18.68	28.39	7.66	20.13	13.72
2009	11.94	15.14	24.07	7.33	16.10	13.53
2010	13.77	17.98	25.59	8.08	16.60	14.43
2011	13.79	19.16	25.01	9.10	17.82	15.17
2012	12.21	18.28	23.68	8.90	16.97	14.92
2013	11.96	17.95	23.20	9.14	17.02	15.68
2014	10.87	15.98	20.83	9.50	17.52	16.21

表 4-16 展示了中国不同技术类别的服务业参与全球价值链分工的垂直专业化程度，由表 4-16 中可以看到，2000—2014 年，中国各技术类别服务业的前向垂直专业化率均显著高于同期的后向垂直专业化率，表明中国服务业以前主要是参与的方式融入全球价值链的分工之中。从时间趋势上看，2008 年全球金融危机前，中国服务业的前向垂直专业化率和后向垂直专业化率均出现了显著的提升，这表明中国服务业参与全球价值链分工的程度在日益深化；2008 年全球金融危机之后，由于外需较少、劳动力成本提升以及环保压力的增大，中国加工贸易进出口出现了锐减，导致中国服务业后向参与全球价值链分工程度出现了大幅度的下滑，但中国借助区域发展不平衡性以及较大的内需市场较好地实现了国内生产分工合作，成功构建了基于本地需求的国内价值链，中国服务业的前向垂直专业化率则在波动中实现了不同程度的提升。

表 4-16　中国服务业不同技术类别参与全球价值链分工程度

年份	服务业 VS_ B/%				服务业 VS_ F/%			
	劳动密集型	资本密集型	知识密集型	健康、教育与公共事业服务	劳动密集型	资本密集型	知识密集型	健康、教育与公共事业服务
2000	8.74	9.05	15.02	12.34	19.39	17.64	19.27	11.66
2001	7.83	8.94	14.60	10.88	19.52	17.57	19.01	13.91
2002	7.83	9.72	15.96	10.75	19.49	17.84	19.02	17.30
2003	8.24	11.54	17.32	11.77	19.53	19.18	18.28	18.01
2004	8.68	13.85	18.67	13.00	19.44	18.88	18.08	19.92
2005	6.84	14.75	19.49	12.41	19.61	18.79	18.98	20.96
2006	7.41	15.08	18.28	12.16	19.57	18.98	19.22	16.08
2007	8.39	14.70	17.71	12.18	19.06	18.79	19.47	13.71
2008	7.76	14.39	15.64	11.24	17.65	18.16	20.40	12.94
2009	6.12	11.74	12.39	9.03	16.43	16.36	20.84	9.99
2010	6.53	13.29	13.41	9.97	18.09	17.33	21.94	9.45
2011	6.51	13.88	13.46	10.11	19.13	17.88	22.68	8.64
2012	5.90	12.68	12.20	9.43	18.84	17.16	22.47	8.85
2013	5.87	11.81	11.73	8.95	18.09	16.53	23.90	9.44
2014	5.23	10.57	10.62	8.20	17.86	16.27	24.49	9.33

（3）中国价值链位置

为了进一步分析中国在全球价值链分工中的情况，根据式（4-24）对中国参与全球价值链分工的地位指数进行了测算，如表 4-17 所示。由表4-17 中的结果可见，中国初级产品和资源产品的全球价值链地位指数不断下降，虽然中国制造业的全球价值链位置指数始终为负，但是在"一带一路"倡议提出与实施后开始出现微弱的上升，其值从 2000 年的-0.040 9上升到 2014 年的-0.023 1，表明中国制造业虽然仍处于全球价值链的下游位置，但却逐步出现了向中上游攀升的态势；中国服务业的全球价值链地位指数从 2000 年的 0.071 8 上升到 2014 年的 0.080 5，并表现出明显的阶段性特征。第一阶段为加入 WTO 之前，中国服务业的全球价值链地位指数相对较高，并呈现出上升趋势，原因在于这一阶段中国实施出口导向型经济发展战略的时间尚短，主要还是通过初级产品、资源型产品、劳动密集型产品等的出口来参与国际贸易；第二阶段为 2002—2007 年，中国服务业在这一阶段的全球价值链地位指数降低，并呈现出明显的下降之势，这主要是因为中国加入世界贸易组织后，承接了大量国际产业的转移，使得利用进口中间投入品进行加工组装后再出口的贸易活动迅速扩张，由于加工贸易附加值低、技术含量小、产业链短，导致中国在全球价值链中的地位有所下滑；第三阶段为 2008—2014 年，随着中国劳动力成本的上升、资源环境压力的增大，为了寻求产业的转型升级，在"一带一路"倡议全面实施的推动下，中国开始更多地进入到一些资本、技术密集型产业生产环节，从而使得中国服务业的全球价值链地位有所上升。

表 4-17　中国的全球价值链地位指数

年份	初级产品和资源产品	制造业	服务业
2000	0.149 0	-0.040 9	0.071 8
2001	0.143 0	-0.036 4	0.077 1
2002	0.129 5	-0.049 2	0.077 9
2003	0.106 8	-0.075 4	0.070 9
2004	0.103 5	-0.089 6	0.060 6
2005	0.107 5	-0.094 6	0.064 4
2006	0.100 3	-0.086 1	0.058 4

表4-17(续)

年份	初级产品和资源产品	制造业	服务业
2007	0.094 5	-0.089 6	0.042 4
2008	0.105 3	-0.070 5	0.057 2
2009	0.085 3	-0.055 8	0.065 6
2010	0.073 7	-0.062 4	0.083 8
2011	0.074 1	-0.052 8	0.070 0
2012	0.080 9	-0.048 9	0.072 8
2013	0.067 1	-0.041 5	0.083 0
2014	0.078 5	-0.023 1	0.080 5

本节利用"世界投入—产出表"数据，基于贸易增加值视角构建相应修正显性比较优势指数（NRCA）、垂直专业化程度（VS）、全球价值链位置指数（GVCPO），据此对2000—2014年中国产业国际竞争力进行了测算分析。NRCA结果显示：中国初级产品和资源产品的国际竞争力渐失，制造业的国际竞争力无论是整体上还是在技术细分层面上均有较强的优势，服务业的整体国际竞争力较为薄弱，但有逐年提升的趋势；总的来看，中国处于优势的产业部门多为高技术产业，劣势明显的部门主要为传统产业以及资源型产业，而且从发展趋势来看，中国高技术产业的国际竞争力逐年上升，意味着中国对高端产业的控制力越来越强。VS结果显示：中国各产业参与全球价值链的程度日渐提升，除制造业外，后向垂直专业化率都明显低于前向垂直专业化率，表明中国开始更多地以前向的方式参与全球价值链分工，更多地从依赖进口转向提供出口。GVCPO结果显示：中国初级产品和资源产品的全球价值链地位指数不断下降；虽然中国制造业的全球价值链位置指数始终为负，然而随着"一带一路"倡议的全面实施，中国制造业出现了逐步向中上游攀升的态势；中国服务业的全球价值链地位指数逐年提升并呈现出阶段性特征，特别是随着"一带一路"倡议的全面实施，中国开始更多地进入一些资本、技术密集型产业的生产环节，使得近年来中国服务业的全球价值链地位提升较快。

4.3.2 "一带一路"倡议之后中国产业升级能力检验

由上节的分析可知，近年来中国产业的显性比较优势和全球价值链位置均有所提升，特别是在"一带一路"倡议提出之后，相关数据及测算结果明显向好。那么，"一带一路"倡议之后中国的产业优势是否会显著提升？本节将从实证层面展开考察。产业升级能力是衡量产业是否具备优势的重要指标之一，因此，本节就从产业升级视角来考量"一带一路"倡议对中国产业优势的影响效应及变化趋势，以从实证层面研判"一带一路"倡议之后中国产业优势的变化，从而为中国是否具备助推中国—中南半岛经济走廊建设的产业优势进一步提供证据。

4.3.2.1 研究设计

（1）数据来源

本书选择 2012—2017 年的中国上市公司数据对"一带一路"倡议是否影响中国产业升级展开实证考察。其中：用来计算劳动生产率的数据和企业层面特征变量数据均来自国泰安数据库和万德（WIND）数据库。本书按照一贯做法对主要连续型变量缺失的数据样本做了有效剔除，最后保留的企业数据为 3 415 家，观测值为 15 984 条。进一步地，为了避免异常值对估计结果造成的影响，对于所有的连续型变量，本书均做了 1% 的 winsor 缩尾处理。

（2）模型选择

本书利用基于准自然实验的双重差分模型（DID）考察"一带一路"倡议是否影响中国的产业升级水平，该模型能够通过两次差分较好地剔除政策之外其他因素的干扰，使用该模型的关键在于对政策冲击时间的确定以及对实验组与对照组的选择。在确定政策冲击时间上，本书借鉴王桂军和卢潇潇（2019）[171]、李建军和李俊成（2020）[172]、王桂军和张辉（2020）[173]的做法，选取 2014 年为政策冲击时间。对于实验组和对照组的选择，本书通过对"五通"理念、《"一带一路"专题研究报告》的解读，整理总结了受"一带一路"倡议影响的行业，如表 4-18 所示，并将重点影响行业内企业设置为实验组（treatment group），将其他企业设置为对照组（control group）。

表 4-18　实验组产业分类

主题产业	涉及行业
"通路通航"主题	G53、G54、G55、G56、G58、G59、G60、C34、C35、C37、C38
"基础建设"主题	E47、E48、E49、E50、C30、C31、C32、C34、C35
"能源建设"主题	B06、C25、C38、G57
"信息产业"主题	C39、I63、I64、I65
"文化互通"主题	C72、R85、R86、R87

注：表内代码为证监会上市公司行业分类代码；由于一个产业可能会受到多个主题的影响，因此在各个主题间有些产业存在重复。

对于基准模型的设定，本书在双重差分模型（DID）原理的基础上，设计了用以识别"一带一路"倡议产业升级效应的模型，具体形式如下：

$$y_{it} = \theta(\text{treat}_{it} \times \text{post}_{it}) + \beta x_{it} + \lambda_t + \mu_i + \varepsilon_{it} \qquad (4-25)$$

在式（4-25）中，i 和 t 分别表示企业和年份。y 代表产业升级水平，参考李永友和严岑（2018）的做法，本书具体利用微观企业层面的劳动生产率（lp）测度产业升级，其中劳动生产率的测算参考申广军等（2016）[174] 的做法，用公司增加值除以平均员工人数计算而得。要注意的是，除了技术进步、组织创新等升级因素会引起企业劳动生产率的变化之外，企业为缓解劳动力成本上身压力而有意实施的资本代替劳动策略也有可能引致同样的效果（李永友和严岑，2018）[175]。因此，为了能够充分证明"一带一路"倡议是否真的可以提高产业以劳动生产率上升为表征的产业升级，本书同时考察了"一带一路"倡议实施前后企业资本生产率的变化。如果企业劳动生产率的变化仅来自企业资本深化程度的变动，企业的资本生产率就不会产生明显变化；如果企业劳动生产率是实质性地上升，那么企业的资本生产率也就会随着劳动生产率的上升而明显提升。综上分析，如果"一带一路"倡议可以促进中国的产业升级，那么"'一带一路'倡议在明显地提高企业劳动生产率的同时也会显著地提高企业的资本生产率"这一命题成立。在实证环节，本书参考陈勇和唐朱昌（2006）[176]、申广军等（2016）[177] 的做法，采用企业增加值与固定资产的比值来表征资本生产率（kp）。

treat 为企业分组变量，treat = 1 时表示实验组，treat = 0 时表示对照组；post 为时间分组变量，在本书中，2012—2013 年 post 为 0，2014—2017 年

post 为 1。X 为控制变量组，本书参照既有研究的做法，对企业年龄、规模、资本结构、现金流量、股权集中度、成长能力和地区层面的经济发展水平及人口规模进行了控制。其中，企业年龄（age）用企业成立时间取自然对数来表征；企业规模（size）用企业员工总数取自然对数来表征；企业资本结构（lev）用企业资产负债率来表征；企业现金流量（cashflow）用企业经营活动产生的现金流量净额与营业收入的比值来表征；企业股权集中度（stockratio）用十大股东股份占比来表征；企业成长能力（growth）用营业收入增长率来表征；地区经济发展水平（gdp）用地区 GDP 的自然对数来表征；地区人口规模（pop）用地区常住人口数量的自然对数来表征。λ_t 表示时间固定效应；μ_i 表示企业个体固定效应；ε 为随机扰动项。

根据 DID 模型的基本原理，本书需要对交叉项 treat×post 的系数予以重点关注，这一系数表示了将其他干扰因素剔除后，企业劳动生产率和资本生产率受"一带一路"倡议影响的情况。

4.3.2.2 实证结果与稳健性检验

（1）DID 回归结果与分析

表 4-19 第（1）～（2）列汇报了模型（4-25）的估计结果。其中，第（1）列是"一带一路"倡议对企业劳动生产率影响的估计结果，由估计结果可见，当加入企业层面特征变量并控制年度和企业双向固定效应之后，交叉项 treat×post 的系数 θ 为正，并且在 1% 的水平上显著，这表明"一带一路"倡议显著地提升了企业的劳动生产率。但仅仅是企业劳动生产率的提高并不能证明企业所在的产业真正地发生了升级，因此，需要进一步检验"一带一路"倡议对资本生产率的影响。第（2）列汇报了"一带一路"倡议影响企业资本生产率的估计结果，可以看出，θ 在 1% 的水平上显著为正，这说明"一带一路"倡议在提高了企业劳动生产率的同时也提高了企业的资本生产率。至此，本书可以得出如下重要结论："一带一路"倡议之后，中国的产业升级能力得到了显著提升。

进一步地，本书引入 year2014、year2015、year2016 和 year2017 四个年度虚拟变量，并将它们与处理分组变量 treat 交乘置入模型，以考察"一带一路"倡议对中国产业升级的动态效应以及变化趋势。具体回归结果如表 4-19 第（3）～（4）列所示，可以看出，在对核心变量劳动生产率（lp）的回归中，在"一带一路"倡议实施第一年（2014 年），产业升级效应为 0.057 6，并且在 5% 的水平上显著，对应 t 值为 2.568 8；在"一带一路"

倡议实施的第二年（2015 年），产业升级效应为 0.065 6，并且在 1% 的水平上显著，对应 t 值为 2.951 3；在"一带一路"倡议实施的第三年（2016年），产业升级效应为 0.073 8，并且在 1% 的水平上显著，对应 t 值为 3.365 4；在"一带一路"倡议实施的第四年（2017 年），产业升级效应为 0.094 1，并且在 1% 的水平上显著，对应 t 值为 4.263 6。由此可见，系数值及其显著性水平均呈明显的上升趋势，在对资本生产率（kp）的回归中同样存在这样的变化趋势。这充分说明，"一带一路"倡议下，中国产业升级呈稳步的上升趋势。

表 4-19 双重差分估计结果

	平均效应		动态趋势	
	lp （1）	kp （2）	lp （3）	kp （4）
treat×post	0.067 4*** （4.225 9）	0.106 6*** （5.356 8）		
treat×year2014			0.057 6** （2.568 8）	0.086 2*** （3.080 2）
treat×year2015			0.065 6*** （2.951 3）	0.100 2*** （3.610 2）
treat×year2016			0.073 8*** （3.365 4）	0.124 3*** （4.539 7）
treat×year2017			0.094 1*** （4.263 6）	0.136 8*** （4.968 7）
size	−0.278 7*** （−24.982 4）	−0.022 2 （−1.593 1）	−0.279 5*** （−25.037 1）	−0.023 4* （−1.678 4）
age	0.597 6*** （4.610 6）	−0.375 8** （−2.322 8）	0.584 0*** （4.499 5）	−0.394 0** （−2.432 0）
growth	0.533 6*** （23.505 7）	0.691 0*** （24.386 4）	0.532 9*** （23.467 2）	0.689 8*** （24.336 2）
lev	−0.003 0*** （−6.481 3）	−0.006 7*** （−11.529 1）	−0.003 0*** （−6.511 4）	−0.006 7*** （−11.558 2）
cashflow	0.008 6*** （11.791 1）	0.006 1*** （6.664 4）	0.008 7*** （11.818 0）	0.006 1*** （6.722 9）
stockratio	0.013 1*** （21.535 4）	0.012 2*** （15.984 7）	0.013 2*** （21.612 8）	0.012 3*** （16.087 9）
gdp	0.233 3** （2.560 7）	0.074 0 （0.650 7）	0.222 7** （2.442 1）	0.058 2 （0.511 2）

表4-19(续)

	平均效应		动态趋势	
	lp （1）	kp （2）	lp （3）	kp （4）
pop	−0.564 3 （−1.110 3）	−0.867 4 （−1.367 2）	−0.557 5 （−1.096 8）	−0.854 6 （−1.347 1）
cons	14.060 0*** （3.395 0）	6.767 3 （1.309 1）	14.147 7*** （3.416 3）	6.870 8 （1.329 2）
年度固定效应	是	是	是	是
企业固定效应	是	是	是	是
观测值	15 984	15 984	15 984	15 984
调整的 R^2	0.208 6	0.099 7	0.208 9	0.100 1

注：回归均采用稳健标准误估计，括号内数值为 t 值，*、**与***代表了10%、5%和1%的显著性水平。

（2）稳健性检验

①缓解实验组选择的非随机性问题：Placebo 检验。由于"一带一路"倡议的特殊使命导致本书实验组的选择可能存在一定的非随机性，为了缓解这一问题，本书在原对照组行业中随机抽取半数行业作为新的实验组，剩余行业作为新的对照组，一共随机抽取30次并利用模型（2）对核心变量劳动生产率（lp）进行了安慰剂检验，由此得到了30个代表交叉项系数显著性水平的 $|t|$ 值，如表4-20所示。可以看出，在进行随机选取实验组的回归中，交叉项系数对应的 $|t|$ 值均没有达到常规的显著性水平10%（显著性水平10%对应的 $|t|$ 值为1.65），具体描述性统计显示，$|t|$ 值的均值为0.801 6，标准差为0.342 3。这些信息表明，在随机选取实验组进行的安慰剂检验中，交叉项 treat×post 的系数均不显著，这充分说明，本书原实验组产业在2014年之后的升级现象确实是由"一带一路"倡议的冲击造成的，本书结论依然稳健。

表4-20　稳健性检验：安慰剂检验 |t| 统计

随机样本	1	2	3	4	5	6	7	8	9	10
$|t|$ 值	0.585 1	0.659 4	0.320 2	1.042 5	0.278 3	0.652 4	0.512 7	0.923 7	1.271 2	0.698 3
随机样本	11	12	13	14	15	16	17	18	19	20
$|t|$ 值	0.621 7	1.463 7	1.398 1	0.476 3	0.998 6	1.002 5	1.495 3	0.765 3	0.615 3	0.932 7

表4-20（续）

随机样本	21	22	23	24	25	26	27	28	29	30
$\lvert t\rvert$值	0.435 8	0.874 1	1.036 5	1.135 7	0.515 8	0.635 8	0.412 5	0.785 2	0.365 7	1.136 4

描述性统计	观测值	均值	标准差	最小值	中位数	最大值
$\lvert t\rvert$值	30	0.801 6	0.342 3	0.278 3	0.731 8	1.495 3

②缓解非平行趋势问题：三重差分法（DDD）。DID 模型除政策实施的随机性外，还有一个重要的前提条件——如果没有受到政策的冲击，实验组与对照组的变化趋势是时间趋势上平行的，但由于本书所选择的实验组与对照组所涵盖的行业数量较多，存在无法满足这一平行趋势的可能。为了缓解可能存在的非平行趋势，本书将进一步采用 DDD 模型进行估计。

表 4-21　稳健性检验：DDD 估计结果

	lp (1)	kp (2)
ddd	0.053 3***	0.041 7*
	(2.888 8)	(1.810 4)
size	−0.278 0***	−0.020 4
	(−24.915 3)	(−1.465 3)
age	0.632 9***	−0.317 2**
	(4.892 9)	(−1.963 3)
growth	0.534 0***	0.692 4***
	(23.512 3)	(24.409 2)
lev	−0.003 0***	−0.006 6***
	(−6.464 4)	(−11.436 6)
cashflow	0.008 7***	0.006 2***
	(11.857 8)	(6.760 4)
stockratio	0.013 0***	0.011 9***
	(21.378 6)	(15.679 6)
gdp	0.253 6***	0.094 3
	(2.778 5)	(0.827 3)
pop	−0.555 7	−0.830 7
	(−1.092 8)	(−1.308 0)
cons	13.688 4***	6.092 7
	(3.305 1)	(1.177 8)
年度固定效应	是	是

表4-21（续）

	lp （1）	kp （2）
企业固定效应	是	是
观测值	15 984	15 984
调整的 R^2	0.208 0	0.097 9

注：回归均采用稳健标准误估计，括号内数值为 t 值，*、** 与 *** 分别表示 10%、5% 和 1% 的显著性水平。

"一带一路"倡议的推进与实施不仅对行业的影响存在着明显的差异，对地区的影响也不尽相同。除了强调重点合作行业之外，根据《愿景与行动》，"一带一路"倡议还对国内各省（自治区、直辖市）的开放态势进行了明确划分，并且根据各地经济功能与作用的不同主要涉及了 18 个省（自治区、直辖市）[①]。因此"一带一路"倡议的经济效应会在行业与地区两个层面上有所差异，这就为 DDD 模型的使用创造了机会。具体地，参照范子英和彭飞（2017）[178] 和袁建国等（2018）[179] 的做法，本书设计了以下 DDD 模型：

$$y_{it} = \eta \mathrm{ddd}_{it} + \beta x_{it} + \lambda_t + \mu_i + \varepsilon_{it} \qquad (4-26)$$

在式（4-26）中，i 表示企业，t 表示年份，ddd 表示三重差分变量。重点影响省（自治区、直辖市）的企业在"一带一路"倡议实施后，ddd 赋值为 1；其他企业以及在政策冲击前的所有企业 ddd 赋值为 0；其他各项定义与模型（4-25）相同。系数 η 反映了在 DDD 下"一带一路"倡议对中国产业升级的影响效应，因此是需要重点关注的。

表 4-21 展示了三重差分模型的估计结果，不难发现，在对劳动生产率和资本生产率的回归中，系数 η 至少在 10% 的水平上显著为正，这一结果与表 4-19 和表 4-20 的估计结果基本吻合。这充分说明了，在使用 DDD 模型缓解了可能存在的非平行趋势进后，"一带一路"倡议仍然显著地促进了中国的产业升级。

综上所述，本节以"一带一路"倡议所形成的准自然实验为切入点，基于 2012—2017 年中国 A 股上市公司数据，计量研究了"一带一路"倡

---

① 具体包括新疆、陕西、甘肃、宁夏、青海、内蒙古西北 6 省（自治区），黑龙江、吉林、辽宁东北 3 省，广西、云南、西藏西南 3 省（自治区），上海、福建、广东、浙江、海南沿海 5 省（直辖市）以及内陆直辖市重庆。

议对中国产业升级的影响效应,研究发现:"一带一路"倡议实施以来,中国的产业升级水平得到了显著提升,且呈明显的上升趋势,在进行多种稳健性检验后,结论依然成立。这进一步地从产业升级视角为"一带一路"倡议之后中国是否有能力推进中国—中南半岛经济走廊建设提供了证据。

4.4 推进中国—中南半岛经济走廊建设的实证分析结果

4.4.1 加强基础设施建设潜在需求与必要性的分析结果

首先,结合上一章现实考察的结论和中国—中南半岛经济走廊沿线的区域发展规划、国家战略部署,考察中国—中南半岛经济走廊是否存在加强基础设施建设的潜在需求。从上一章现实考察的结论来看,走廊沿线国家基础设施发展水平参差不齐,有近半数的国家现有的基础设施存量已不能满足经济发展的需要,为了实现经济发展,走廊沿线国家未来势必会加大基础设施的建设力度,这就催生了大量的基础设施建设需求;再从走廊沿线的区域发展规划和国家战略部署来看:无论是《东盟互联互通总体规划》还是《大湄公河次区域合作协议》,均将"发展资源优势、增强互联互通"列为该区域发展的首要目标;无论是基础设施完善国家如新加坡、马来西亚、泰国,还是基础设施落后国家如老挝、柬埔寨、缅甸,均把基础设施建设列入国家发展的重要议程;由此可见,中国—中南半岛经济走廊对基础设施建设有着迫切的需求。

其次,运用世界银行的物流绩效指数、引入基础设施变量的引力模型和边界效应模型,对中国—中南半岛经济走廊加强基础设施建设的必要性进行论证与计量分析。首先,运用世界银行物流绩效指数分析走廊沿线国家基础设施建设与物流绩效的相关性,研究发现:越是基础设施发达的国家,运输效率越高,物流绩效表现越优异,经济发展越好,反之则反。其次,基于2005—2018年中国—中南半岛经济走廊沿线国家的面板数据,利用引入基础设施的引力模型与边界效应模型分析走廊沿线国家基础设施与贸易往来的相关性,研究发现:交通基础设施和通信基础设施的建设对走廊沿线各国的双边贸易往来有着显著的正向促进作用,其中通信基础设施的促进效应更为显著。虽然能源基础设施建设的作用在考察期间的影响不显著，但加强能源基础设施的建设同样重要，这是因为较之于其他基础设施，能源基础设施投入大、周期长，对双边贸易的促进作用需要更长的时间方能显现。前文已明确指出，对于中国—中南半岛经济走廊而言，促进沿线各国经济发展是其建设的最终目标。以上的分析结果表明，基础设施建设对于经济发展的促进作用可以通过"基础设施建设→提升物流绩效→促进经济发展"和"基础设施建设→带动贸易往来→促进经济发展"两条路径实现，也即，基础设施建设可以通过提升物流绩效促进经济发展，也可以通过带动贸易往来促进经济发展。因此，中国—中南半岛经济走廊存在加强基础设施建设的必要性。

4.4.2 深化国际产能合作潜在需求的分析结果

本书在第 2 章已明确指出，中国—中南半岛经济走廊建设的核心任务在于构建以中国为主导的跨国生产网络和差别化的国际产能合作路径，打造"一带一路"国际产能合作示范区。本章第 2 节运用"贸易互补性指数""加权产业内贸易指数""拉菲指数""贸易竞争力指数""出口相似性指数"对中国与中南半岛的产业互补性与竞争性进行测度。研究发现：虽然中国与中南半岛国家部分产业贸易出现了竞争，但双方在绝大多数领域仍各具比较优势，贸易互补性强、贸易潜力大，这就意味着，中国—中南半岛经济走廊具备深化国际产能合作的潜在需求。

4.4.3 中国推进中国—中南半岛经济走廊建设优势的分析结果

本章第 3 节分别从"贸易增加值"和"产业升级"的视角对中国产业竞争力进行实证检验。首先，利用"世界投入—产出表"数据，基于全球价值链视角构建相应修正显性比较优势指数、垂直专业化程度、全球价值链位置指数，据此对 2000—2014 年中国产业国际竞争力进行了测算分析。研究发现：近年来中国产业的显性比较优势和全球价值链位置均有所提升，特别是在"一带一路"倡议提出之后，相关数据及测算结果明显向好。再基于 2012—2017 年中国上市公司数据，进一步从产业升级视角实证考察了"一带一路"倡议之后中国的产业优势。研究发现："一带一路"倡议之后，中国产业升级水平得到了显著提升，且呈现明显的上升趋势。可见，中国具备推进中国—中南半岛经济走廊建设的产业优势，即重点加强国际产能合作的推动力，具备真正意义上"因廊施策"的推动力。

5 中国—中南半岛经济走廊高质量发展建议

综合上述章节分析，推进中国—中南半岛经济走廊建设向高质量发展应发挥中国的推动作用，切实贯彻"因廊施策"原则，以"深化国际产能合作"和实现"陆海联动"作为新背景下推进中国—中南半岛经济走廊建设的主要方向。而"深化国际产能合作"和实现"陆海联动"需要进一步加强和提升基础设施建设来更好地提供基础支撑，同时亦要以整合与完善有关机制作为制度保障。因此，本章思路拟为：以加强与提升基础设施建设为基础和支撑，以整合和完善有关机制为制度保障，进一步深化国际产能合作，实现"陆海联动"。

5.1 加强与提升中国—中南半岛经济走廊基础设施建设

基础设施互联互通是经济走廊的物质载体，也是经济走廊建设成效最直观的体现。第3章现实考察的结果显示，中国—中南半岛经济走廊基础设施建设已初具规模，但各种问题也较为突出，如"缺口大，缺乏可持续财力保障""规划对接不足，缺乏统一的专项推进方案""面临制度性壁垒"，等等。第4章的实证检验结果也显示：从中国—中南半岛经济走廊沿线的区域发展规划和国家战略部署来看，该走廊存在加强基础设施建设的潜在需求；从世界银行物流绩效指数和引入基础设施变量的贸易引力模型与边界效应模型的估计结果来看，中国—中南半岛也存在加强基础设施建设的必要性。可见，加强与提升基础设施建设的需求是显而易见的，因此，本节"加强与提升中国—中南半岛经济走廊基础设施建设"的思路就拟为：一方面，在对接战略规划和技术标准的基础上，进一步规划与完善走廊基础设施建设布局与实施方案；另一方面，进一步加强中国—中南半岛经济走廊公路、铁路、航空、港口、能源管道、通信等基础设施的建设，打造现代化综合交通运输体系。

5.1.1　进一步规划与完善基础设施建设布局与实施方案

《愿景与行动》指出，"基础设施互联互通是'一带一路'建设的优先领域。在尊重相关国家主权和安全关切的基础上，沿线国家宜加强基础设施建设规划、技术标准体系的对接"，因此，加强与提升中国—中南半岛经济走廊基础设施建设，首先要加强中国与中南半岛国家双边或多边基础设施建设规划和技术标准体系的对接。在"对接"的基础上，加强与中南半岛各国的政策沟通，增进战略互信，在坚定合作信念的基础上，进一步加强双边或多边的磋商与沟通，从走廊沿线各国发展需求和区域共同发展需求出发，以互利共赢为导向，坚持平等协商，尊重、吸纳和协调各国合理诉求，与沿线国家共同规划与完善中国—中南半岛经济走廊基础设施建设布局与实施方案。

5.1.1.1　加强基础设施建设战略规划与技术标准对接

（1）加强战略规划对接

由前文现实考察的结果可知，中国与中南半岛国家出于各自经济发展需要，均制定了包含基础设施建设的国家发展战略部署，这就使得基础设施建设面临规划对接与诉求平衡的现实困难。因此，进一步规划与完善中国—中南半岛经济走廊基础设施建设布局与实施方案，首先要考虑与区域内已有的国际发展规划以及中南半岛国家的国家战略对接，最大限度地增进合作，避免恶性竞争。一方面，要充分利用区域内已有的相关发展规划，如《东盟互联互通总体规划》《中国—东盟交通战略规划》《澜沧江—湄公河国际航运发展规划》《大湄公河次区域交通发展战略规划》等，通过战略规划的对接与调整，对合作理念、机制、平台、领域进行持续升级，形成"高阶"的合作形式，最终实现合作共赢。另一方面，为了促进本国经济发展，中南半岛各国本身就制定了很多包含基础设施建设的国家发展战略，如老挝的《十年社会经济发展战略（2016—2025 年）》、柬埔寨的"四角战略"、缅甸的《国家全面发展 20 年规划》、越南的《至 2020年融入国际社会总体战略和 2030 年愿景》、泰国的"东部经济走廊"、老挝的"陆联国战略"等，而且这些国家均已表现出将本国发展战略对接"一带一路"倡议的意愿。因此，中国要加强与中南半岛国家的沟通，了解各自的发展重点与诉求，照顾各自的利益与关切，加强与中南半岛各国发展战略的对接，在达成共识、形成合作的基础上，共同规划与完善中国—中南半岛经济走廊基础设施建设布局与实施方案。

（2）推进技术标准对接

提升经济走廊基础设施建设效率的关键在于标准的兼容对接，由于历史原因，中国与中南半岛国家的基础设施标准存在很大的差异，倘若标准差异不能得到有效弥合，走廊沿线各国参与基础设施建设的热情就难以形成合力，甚至对一些项目的开展形成掣肘，昆曼公路建成后仍"通而不畅"就是最好的例证。为此，应由主管技术标准的部门牵头，建立技术标准"国际化"管理机构，负责统一组织与协调相关部门及其他主体（如专业组织、企业等），以跨境园区、境外经贸合作区以及重大跨境项目为突破口，以双边、多边合作并举的方式推动标准互认和新标准制定，"以点带面"推进国家间的技术标准合作。对于重大项目的技术对接，可考虑采取"一事一办"的对接办法，根据各国不同的情况及其与中国的合作基础，设立符合双边、多边利益和意愿的例外条款，形成标志性工程，为其他项目的实施做出引领和示范，这样既能保证合作项目的正常运作，又将对各国现行标准的冲击降到最低。除此之外，还要借助国外技术专家和翻译专家提高我国工程界对国际标准的熟悉度，避免因不熟悉国际标准而增加工程的实施难度。

（3）推进运输机制对接

在运输机制对接基础上实现的运输便利化，有助于消除制约国际道路运输发展的软件短板和非物理障碍，较少人员或货物的"非效率"环节，降低跨境运输时间和成本，提高运输效率和服务水平，因此，运输机制对接也是提升经济走廊基础设施建设效率的又一重要因素。对于中国—中南半岛经济走廊而言，其运输机制对接的关键在于推动走廊沿线国家尽早加入、签署、核准和实施相关的国际规则、协定和标准的法律文件，促进政策、规则和标准的三位一体联通。为此，中国应与缅甸、老挝、越南分别签署双边《国际道路运输协定》和《多式联运协定》，并欢迎泰国、柬埔寨、马来西亚、新加坡加入《国际公路运输公约》，推动《大湄公河次区域便利货物及人员跨境运输协定》各国核准实施，支持沿线国家铁路升级改造从用国际标准，支持联合开展《中国—中南半岛经济走廊铁路运输协定》研究。

5.1.1.2 进一步规划与完善基础设施建设布局与实施方案

中国—中南半岛经济走廊沿线国家交通、能源、通信等部门要进一步加强协作，对走廊沿线各国各类基础设施所存在的"尚未联通""联而不通""通而不畅"情况进行细致排查，采取"分类施策、有序推进"的多元化策略。首先，认真梳理已有规划且正在实施的项目，尤其是关键通道、关键节点和重点工程，抓紧落实，并及时研究和解决项目实施过程中遇到的困难和问题，积极推进；其次，对于当前已经签署了合作协议或已经达成合作意向但尚未实施的项目，要全面分析和落实项目的实施条件及资金来源，制定项目总体推进规划及详细的技术、工程子方案，在协商通过之后，按规划方案执行；最后，将走廊沿线各国有共识、有需求且基础较好的项目列入合作项目储备库，对这些项目加强前期可行性研究，制定项目推进的一揽子方案，协商通过之后即可签订协议，并推进实施。以重点方向和重要节点为主线加强基础设施建设布局，以沿线国家重点城市、港口为重要节点，围绕强化点轴建设，点线结合，以点连线而进一步展开规划布局，在点线结合形成基础设施建设框架支撑的基础上，共同建设中国—中南半岛经济走廊通畅、安全、高效的运输大通道。

5.1.2 打造现代化综合基础设施体系

按照统筹规划、分类推进的原则，以加快补短板为重点，以重大项目为抓手，持续推进中国—中南半岛经济走廊公路、铁路、航空、港口、能源管道、通信基础设施建设，全面打造现代化综合基础设施体系。

5.1.2.1 进一步推进"铁路—公路—水路—航空"立体通道建设，筑牢走廊骨架支撑

前述引入基础设施变量的贸易引力模型和边界效应模型的计量结果显示，中国—中南半岛经济走廊沿线各国双边交通基础设施每增加1%，双边贸易总量就会得到0.426%的提升。虽然交通基础设施的促进效应不及通信基础设施，但交通基础设施的引入会使得边界效应出现明显变小的趋势，这说明随着交通基础设施的建成与完善，边界效应会逐渐降低。由此可见，由公路、铁路、水路和航空组成的交通基础设施仍为中国—中南半岛经济走廊最基本的物质载体。但现实考察的结果显示：部分中南半岛国

家（如柬埔寨、老挝、缅甸、越南）的公路多为泥土路、砂石路，高标准公路比例小，很多地区甚至仍未实现公路覆盖；铁路里程短、设施陈旧落后，存在许多废弃或缺失路段；港口集装箱吞吐能力低，海运网络覆盖范围较小，通航能力差，港口基础设施不完善；航空旅客吞吐量低，全球注册承运航班数较少。综合以上分析来看，在推进中国—中南半岛经济走廊建设的过程中，仍有必要加强"铁路—公路—水路—航空"立体通道建设，以筑牢走廊的骨架支撑。

（1）明确不同区域交通基础设施建设重点，建设"双月形"交通走廊

中国—中南半岛经济走廊沿线各国自然条件和区位差异明显，在推动走廊交通设施联通的过程中，应实行差异化的发展战略，即建设以公路、铁路为主要方式的陆上半月形交通设施通道和以海运、航空为主要方式的海上半月形交通基础设施通道。从地理区位来看，我国广西和云南具备与中南半岛国家建设"陆上半月形交通设施通道"的天然优势，因此，中国应继续以公路网和铁路网为优先领域，与中南半岛国家加强亚洲高速公路网络建设，进一步提升道路网络覆盖度及道路级别，充分利用中国铁路建设、铁路成套技术和装备处于世界领先水平的优势，持续并更深层次地推进"泛亚高铁"建设，构筑完善的铁道网络，加速推进澜沧江—湄公河航道的建设进程，构筑完善的内河航道网络，打造陆上半月形交通走廊。海上则重点依托航空网络、海上航运，重点推进与中南半岛国家的空港合作，加大我国珠三角港口群、长三角港口群、北部湾港口群与中南半岛沿海港口的合作力度，增加彼此间的航线联系，不断对航运网络进行扩大与完善，打造"海上半月形交通设施通道"。

（2）把握不同交通基础设施优势，形成差异化建设方案

建设中国—中南半岛经济走廊复合立体型交通互联互通网络，要根据不同的交通基础设施的优势，形成差异化的建设路径。在公路网建设方面，要重点加强我国西南地区（如广西、云南）与东南亚高速公路网络的直接联系，特别是联通南宁、昆明与中南半岛首都和重要城市的道路网络建设。在铁路网络的建设中，要推进泛亚高铁网络建设，重点推进"新加坡—昆明铁路"这一中线高速铁路的建设，制订科学的建设计划，在建设的过程中合理把握时序，对条件成熟地段的铁路建设予以优先推进。在港口的建设中，抓住"西部陆海新通道"的建设契机，重点加强我国东南、西南枢纽港与新加坡的国际航运走廊建设，加强我国沿海港口与中南半岛

重要港口的航运网络建设。在航空网络的建设中，进一步完善南宁、昆明、广州、厦门、成都等西南地区机场的现有功能，适度建设支线机场，不断扩大航线网格，强化这些航空枢纽与中南半岛各国重要空港定期航班的建设，形成空港群体，促进与中南半岛国家航空运输快速协同发展。

（3）加强重点地区的交通合作，培育区域重要交通枢纽

在泛北部湾区域、澜沧江—湄公河区域这些基础较好、影响较大的区域或次区域，与中南半岛加强交通领域的合作与建设，形成以点带面的积极效果。与此同时，还要加强重要节点建设，在中南半岛内，选取发展较好的城市为交通枢纽，如新加坡、吉隆坡、曼谷等，合作推进交通网络的互联互通；在我国国内，打造我国面向中南半岛的重要交通枢纽，如可将南宁作为西江经济带乃至我国东部沿海地区与中南半岛连通的重要枢纽，可将昆明作为我国长江经济带、西部地区与中南半岛交通联系的桥头堡。

5.1.2.2 做大做优港口、能源基础设施，夯实通道优势

中南半岛有着独特的地区区位和水文特点，众多港口遍布于此，港口建设也就成为拓展中国—中南半岛经济走廊基础设施建设的一个重点。2016年，中国获得柬埔寨新深水港的租约，与马来西亚组成了"港口联盟"，截至2019年12月，中国已经开通与中南半岛国家之间的港口航线超过27条。在此基础上，对于泉州、厦门、福州、广州、深圳、北海、钦州、防城港等重要沿海城市，中国应该继续加大资源整合与投入力度，加强港口基础设施建设，深度挖掘与中南半岛国家在港口码头、物流园区、集散基地等领域的合作深度和广度，促进产业对接和优势互补建设，建设自由贸易园区。以码头航线建设为先导，以港口城市合作筑网络，促进港口、产业和经济的点线面带动与合作。首先，促进码头航线的开发与建设，增加中国沿海港口到中南半岛国家主要港口的航线，增强彼此航线之间联系的紧密度，促使中国与中南半岛各国间的贸易往来及运输服务水平进一步提升。其次，通过投资参股、互为友好港、签订港口合作协议等模式，以港口为载体、航线为纽带，以共享资源、协同运作为主题，重点就航线设置、港口经营、人员培训、信息交流、环境保护等领域不断加强港口城市的合作，建立港口航运合作机制，拓展港口间的业务，进一步提升中国—中南半岛经济走廊的联结程度。在港口城市合作的基础上形成网络布局，推动中国—中南半岛经济走廊港口城市合作网络的运行，改善港口等基础设施的质量，促进港城形成良好的互动关系，带动港口腹地区域的

经济发展，致力于建设绿色港口、智慧港口和科技港口。最后，继续推动中马港口合作联盟，积极促进通过港口之间的互联互通发挥港口投资的先导作用，促进中国与中南半岛国家之间产业对接，深化彼此产业合作，形成具有重大示范意义的典型项目。

虽然前述引入基础设施变量的贸易引力模型和边界效应模型的估计结果显示能源基础设施建设的作用在样本期间的影响不显著，但加强能源基础设施的建设同样重要，能源通道是能源优势向经济优势转换的载体，其建设能进一步促进经济要素自由且有序地流动，优化资源配置，促进市场融合，提升沿线政策的协调性与兼容性，促进开展不同层面的合作，只是较之于其他基础设施，能源基础设施投入大、周期长，其促进作用需要更长的时间方能显现。就中国与中南半岛而言，在优势互补与互利共赢的合作机制下，能源通道建设将带来区域经济整合发展的新机遇，因此，走廊沿线国家应充分发挥区域能源互补优势，以现有能源合作为依托，以能源建设、服务贸易、装备出口贸易为支撑，建设中国—中南半岛电力走廊、油气走廊以及民生用能合作示范区，提高区域能源开发与利用水平，使能源走廊成为推进中国—中南半岛经济走廊建设的重要驱动力。

5.1.2.3 大力发展通信基础设施，推进中国—中南半岛经济走廊的 "新" 联通

前述引入基础设施变量的贸易引力模型和边界效应模型的计量结果显示，中国—中南半岛经济走廊沿线各国双边通信基础设施每增加1%，双边贸易总量就会得到0.708%的提升，可见，通信基础设施建设对双边贸易的正向促进效应最明显。而从前文对中国—中南半岛经济走廊的现实考察可知，中南半岛各国通信基础设施总体水平较低，发展两极化严重。鉴于通信基础设施建设的重要性，进一步加强通信基础设施的互联互通就理应成为推进中国—中南半岛经济走廊建设的新的发力点。

（1）加强国家层面顶层升级，强化走廊沿线国家的沟通与协作

建立 "数字中国—中南半岛经济走廊" 工作组，推动落实 "全球基础设施互联互通联盟倡议" 等发展共识，加强与中南半岛各国政府信息通信主管部门在发展政策、标准、战略规划、监管等方面加强沟通、协调和对接，共同制定走廊沿线陆缆、海缆路线规划及其他通信基础设施建设规划。

（2）进一步推动我国基础通信企业参与建设

要实现"数字中国—中南半岛经济走廊"的互联互通，扩大沿线国家的网络覆盖范围并提升沿线国家的网络性能，第一要务就是要建设以跨境陆缆、跨境海缆为核心的通信基础设施。中国移动、中国联通和中国电信具备丰富的通信基础设施建设经验和国际化沟通运营能力，中南半岛多数国家相对落后的通信发展水平、较低的移动普及率、宽带普及率就是我国电信企业的通信业务可进入的潜力空间。鉴于此，利用中国—东盟电信平台建设东盟宽带走廊，进一步推动我国三大电信运营商与走廊沿线各国电信运营商合作共建通信基础设施，统筹跨境海陆光缆新建、扩容、运维，提升宽带功能，强化信息网络的互联互通，提高"数字中国—中南半岛经济走廊"的建设效率。

（3）建立基础通信企业"走出去"战略联盟

我国基础通信企业应形成战略协同，与中南半岛在通信基础设施建设及相关信息服务领域展开全方位的合作，共同制定通信基础设施工程的技术标准，准确定位职能，合理划分任务，推动通信资源共享共建，保证资源利用效率最大化，最大程度地避免重复投资、重复建设。在其他信息服务业务的拓展中，基础通信企业（如三大电信企业）和应用通信企业（如华为、中兴、腾讯）应加强战略合作，成立"数字中国—中南半岛经济走廊"中国通信企业协同联盟，将国内运营商、终端企业、信息应用等相关企业在通信领域紧密结合起来，在政府的支持下抱团出海，推动中国通信企业的国际化发展。

（4）推进中国—东盟信息港建设，构建"中国—中南半岛网络空间共同体"

作为区域一体化提质增效的重要工具以及"21世纪海上丝绸之路"的信息枢纽，中国—东盟信息港的建设同样关乎中国—中南半岛经济走廊是否可以形成一个更加紧密、更加务实、更加高效的网络空间共同体。首先，要以科学规划为引领，加快编制相关规划及方案；其次，以重点项目为支撑，加快五大平台建设；再次，以精准招商为抓手，加快项目洽谈入驻；最后，以政策扶持为切入，优化政策支撑环境。以中国—东盟信息港为依托，启动智慧城市、智能电网、跨境电子商务等示范项目建设，以国内试点示范带动国际推广，与中南半岛国家共同研究、规划部署、试验示范云数据中心、物联网平台、工业互联网等平台，在走廊沿线重要节点布局建设一批云计算、大数据服务点，推进标准对接兼作，全面加强互联网、信息技术、智慧城市建设等领域合作。

5.1.3 促进通关便利化

投资与贸易是国际产能合作开展的重要形式，也是中国—中南半岛经济走廊能够取得长期收获的重点领域。由前述现实考察的结果可知，中国与中南半岛国家基础设施"软联通"仍然存在许多问题与阻碍，如多国重复检查、过境签证手续繁琐、随意收费繁杂、耗时较长、检疫标准不透明、装卸搬运与仓储设备不匹配、多种运输方式衔接与转换不畅等。因此，走廊沿线各国要基于《全球贸易安全与便利标准框架》，通过双边、多边谈判和研讨磋商的方式，加强国家间在通关、商品检验检疫、质量与技术标准等方面的合作，共同为通关手续的简化、通关效率的提升创造更加便利的条件。

一是在中国—中南半岛经济走廊沿线国家分别设立"一站式作业"，将联合查验平台进行关联，构建"信息互换、监管互认、执法互助"的新型通关模式。二是发展陆航、陆铁、铁水等交通方式的多式联运，构建"一次申报、一次查验、一次通行"的"三个一"机制，提升通关效率。三是建立中国—中南半岛经济走廊"单一窗口"制度，即沿线国家整合海关、检验、检疫、工商、税务等行政资源，完善信息公共平台的建设，通过技术手段和信息共享将现行货物报关报检"串联"流程改为"并联"，实现多环节合一、扁平化的管理模式，使得企业只需向一个窗口提交标准化单证即可完成通关手续，避免单据重复提交以及行政机关的重复审批。四是建立和完善中国—中南半岛经济走廊沿线国家跨境电子商务通关管理系统和质量安全管理系统，探索建立报关利益共享机制，完善各环节通关法制和信用体系。此外，走廊沿线各国还应进一步加强海关与企业之间的沟通协作，对企业信用等级进行定期评估与分类，通过信息公共平台分享评估结果以及其他的信息数据，对信用等级高的企业给予一定的便利条件，提高通关和监管的效率。

5.2 深化中国—中南半岛经济走廊国际产能合作

国际产能合作是"一带一路"建设的重点，它既是我国推动新一轮对外开放、构建经济发展新动能的重要举措，也迎合了沿线国家的共同需要，有助于提升它们的工业化、城镇化和制造业水平。由第3章的现实考察结果可知，中国与中南半岛国家国际产能合作尚处于初步阶段，突出表现为贸易投资便利化程度不足、缺乏全面统筹指导、合作平台建设仍待加强等问题；而在第4章实证研究中，本书通过对中国与中南半岛贸易互补性和竞争性进行系统测度发现，中国与中南半岛国家各具比较优势，具有较大的互补空间，而且相较于其他五条走廊所涉的区域，中南半岛在要素禀赋上与中国合作共建新型跨国生产网络的条件最为成熟；第4章第3节对中国产业竞争力的实证检验结果也显示，中国有着明显的产业优势，特别是随着"一带一路"倡议全面推进，中国的产业还在逐年实现升级。鉴于此，中国推进深化与中南半岛的国际产能合作，就是推进中国—中南半岛经济走廊建设的核心任务。

5.2.1 科学规划国际产能合作的领域

新型冠状病毒感染疫情暴发以来，中国与周边国家乃至全球的产业合作出现了一些新的变化，继而使得中国的国际产能合作格局发生了很大的改变，因此，就有必要进一步精准定位中国与中南半岛各国的产业优势，并在此基础上科学规划国际产能合作的领域。由前文中国出口与中南半岛进口的贸易互补性测算结果可知，中国对中南半岛国家的出口优势主要集中在SITC6-8产业部门，部分初级产品对老挝也具有出口优势。也就是说，中国与中南半岛国家之间具有合作潜力的产业主要集中在轻纺产品、橡胶制品、矿业产品及制品、机械及运输设备、杂项制品等劳动密集型制成品以及部分资本或技术密集型制成品上。表5-1反映了在这些产业领域中，柬埔寨、老挝、马来西亚、缅甸、泰国和越南的轻纺产品、橡胶制品、矿业产品及制品产业与中国最具有合作潜力，其中柬埔寨、老挝、缅甸和越南的合作空间更大；老挝、马来西亚、缅甸、新加坡、泰国和越南这六个国家的机械及运输设备产业也是中国合作的最佳对象；柬埔寨、马来西亚、新加坡、泰国、越南在杂项制品产业与中国的贸易互补性指数都明显大于1，也非常具有合作潜力；另外，老挝的非食用原料产业也是中国出口理想的合作对象。

表5-1　基于中国出口、中南半岛国家进口的国际产能合作潜力领域

产业部门	有合作潜力的国家
SITC1	老挝（1.210）
SITC6	柬埔寨（4.76）、老挝（2.656）、马来西亚（1.287）、缅甸（2.167）、泰国（1.942）、越南（2.22）
SITC7	老挝（1.352）、马来西亚（1.534）、缅甸（1.052）、新加坡（1.574）、泰国（1.263）、越南（1.475）
SITC8	柬埔寨（1.196）、马来西亚（1.237）、新加坡（1.506）、泰国（1.33）、越南（1.236）

前述中国进口与中南半岛出口的贸易互补性测算结果显示，中南半岛国家对中国的出口优势主要集中在SITC0-4初级产业部门，某些国家在部分资本或技术密集型产品上具有一定的出口优势，一些国家的出口优势还体现在部门劳动密集型产品上。表5-2反映了在这些产业领域中：中国可以与老挝、缅甸在食品及活动物产业展开合作，其中缅甸的合作空间更大；在饮料和烟草产业上，老挝是中国合作的理想对象；柬埔寨、老挝、马来西亚、缅甸、泰国、越南的非食用原料产业与中国的互补性指数都远远大于1，极具合作潜力；在动植物油、脂肪和蜡类产业方面，老挝、马来西亚、缅甸和新加坡是中国合作的最佳对象，其中老挝和缅甸更具出口优势；马来西亚在矿物燃料、润滑剂及相关材料产业的优势非常突出，其出口与中国进口的互补性指数高达10.331，中国可以就此与马来西亚展开合作；此外，新加坡和马来西亚分别在化学成品及有关产品、机械及运输设备等资本密集型产业具备与中国开展合作的潜力空间，柬埔寨、缅甸、越南则在杂项制品等劳动密集型产业具备一定的出口优势，能与中国就此展开合作。因此，从中国进口、中南半岛国家出口的角度来看，初级产品产业是双方深化国际产能合作的重点领域；与此同时，化学成品产业、机械及运输设备产业属于资本技术密集型产业，中国与马来西亚、新加坡加强这类产业上的合作能为我国的技术性产业发展提供新动力；此外，杂项制品占用了中国大量的劳动力，并且中国的劳动成本逐年上升，因此，中

国与柬埔寨、缅甸、越南等中南半岛国家进行合作可以有效降低我国的劳动成本。

表 5-2　基于中国进口、中南半岛国家出口的国际产能合作潜力领域

产业部门	有合作潜力的国家
SITC0	老挝（1.032）、缅甸（2.101）
SITC1	老挝（3.433）
SITC2	柬埔寨（2.787）、老挝（18.666）、马来西亚（2.78）、缅甸（4.301）、泰国（4.99）、越南（2.154）
SITC3	老挝（3.363）、马来西亚（1.967）、缅甸（3.406）、新加坡（1.636）
SITC4	马来西亚（10.331）
SITC5	新加坡（1.068）
SITC7	马来西亚（1.256）
SITC8	柬埔寨（3.958）、缅甸（1.104）、越南（1.517）
SITC9	新加坡（1.254）

无论是基于出口视角还是进口视角，中国与中南半岛国家均存在较强的国际产能合作潜力，只是侧重的领域有所不同，如表 5-3、表 5-4 所示。从中国出口视角来看，轻纺产品、橡胶制品、矿业产品及制品、机械及运输设备、杂项制品等是中国与中南半岛国家合作的重点产业领域；从中国进口视角来看，粮食及活动物、饮料和烟草、非食用原料、矿物燃料、润滑剂及相关材料等初级产业是中国与中南半岛国家合作的重点产业领域。

表 5-3　中国基于出口视角与中南半岛各国重点合作产业

国家	重点合作产业
柬埔寨	轻纺产品、橡胶制品、矿业产品及制品、杂项制品
老挝	饮料和烟草、轻纺产品、橡胶制品、矿业产品及制品、机械及运输设备
马来西亚	轻纺产品、橡胶制品、矿业产品及制品、机械及运输设备、杂项制品
缅甸	饮料和烟草、轻纺产品、橡胶制品、矿业产品及制品、机械及运输设备
新加坡	机械及运输设备、杂项制品
泰国	轻纺产品、橡胶制品、矿业产品及制品、机械及运输设备、杂项制品
越南	轻纺产品、橡胶制品、矿业产品及制品、机械及运输设备、杂项制品

表 5-4　中国基于进口视角与中南半岛各国重点合作产业

国家	重点合作产业
柬埔寨	非食用原料、杂项制品
老挝	粮食及活动物、饮料和烟草、非食用原料、矿物燃料、润滑剂及相关材料
马来西亚	非食用原料、矿物燃料、润滑剂及相关材料、动植物油、脂肪和蜡、机械及运输设备
缅甸	粮食及活动物、非食用原料、杂项制品
新加坡	矿物燃料、润滑剂及相关材料、化学品及相关产品、未分类产品
泰国	非食用原料
越南	非食用原料、杂项制品

5.2.2　制定合理的国际产能合作策略

综合以上分析来看，中国制造业对于中南半岛国家具有极大的竞争力，这就为中国产业结构转型升级与经济运行间的矛盾提供了一个新的解决思路，即依托我国制造业的强大优势，结合中南半岛各国的不同需求展开合作，推动我国能源或资源密集型产业（如钢铁、有色金属等）以及劳动密集型产业（如轻纺等）具有优势部分转移到中南半岛国家，形成新的生产网络和消费市场。与此同时，实行其他部门"引进来"的战略，与中南半岛国家在初级产品部门开展合作，充分发挥各自的产业优势，创造新的贸易增长点。就具体的合作策略而言，基于中国与中南半岛国家产业间的较大互补性，中国可以通过合理选择"资源寻求型""技术寻求型""市场寻求型"和"效率寻求型"投资方式与中南半岛国家展开合作，增强产业合作互补性和供应性。

一是在中南半岛中经济发展水平较低的老挝、柬埔寨、越南、缅甸，选择我国处于技术领先和产能富余状态的行业（如纺织服装、机械、钢铁等）进行效率寻求型、资源寻求型的"下行投资"，通过国际转移和跨境产业链海外延伸的方式，将我国这些边界产业及优质富余产能与当地的低成本劳动力相结合，这既满足中南半岛国家经济转型与工业化发展的需求，也能让中国获取传统产业链转移效应和生产要素重组效应，以互补共赢合作的方式推动双方的产业升级。

二是向中南半岛经济发展水平与我国相近的马来西亚、泰国进行市场需求型的"平行投资",以扩大市场份额的方式拓展国际市场发展空间,延长了国内价值链,既实现了规模经济效应,也获得了更多价值增值,对双方产业结构的转型升级更是极大的促进。

三是向中南半岛经济发展水平相对较高的新加坡进行技术知识寻求型的"上行投资",积极参与当地产业集群,设立专业研发机构,加强双方技术交流与合作,不断吸收借鉴其先进技术与管理方式,增强我国技术创新能力,促进我国相关产业高技术化和产品高附加值化,推动我国产业在全球价值链中的升级。

5.2.3 升级国际产能合作的平台载体

前述现实考察章节的结果显示,中国与中南半岛国家国际产能合作主要还是依托于境外经贸合作区,即便如此,境外经贸合作区也未能"物尽其用",导致中国与中南半岛的国际产能合作潜力并未得到充分挖掘,因此,要深化中国—中南半岛经济走廊国际产能合作,就必须升级国际产能合作平台载体,确保合作质量能得到有效提升。提质增效的境外经贸合作区是深化中国—中南半岛经济走廊国际产能合作的主要平台。"一带一路"倡议全面推进以来,境外经贸合作区逐渐发展为中国加强与沿线国家产能合作的重要平台,为了深化中国与中南半岛的国际产能合作进而推进中国—中南半岛经济走廊建设服务,在新的发展时期,中国与中南半岛国家也应着力提升境外经贸合作区质量。从前期的合作经验来看,以境外经贸合作区为平台的国际产能合作使得中国形成了境外开发优势,也有力地促进了中南半岛当地社会福利的提高与经济发展,由此来看,提升境外经贸合作区的质量对深化中国—中南半岛经济走廊的意义就体现在以下两个方面:一是经过前期的发展,境外经贸合作区所释放的经济效能已经在下降,这是每一种合作机制或者是合作平台的固有的发展规律,如果不提升质量实现优化发展,那么它对国际产能合作的促进作用就会减弱,特别是进入了高质量发展的新时期,提升境外经贸合作区的质量就尤为重要;二是境外经贸合作区作为中国—中南半岛经济走廊国际产能合作的主要平台,提升其质量自然也就成为深化中国—中南半岛经济走廊国际产能合作最直接、最有效、最关键的发力点。提升境外经贸合作区的质量要从以下几个方面入手:

一是加强和完善境外经贸合作区发展规划。坚持"政府引导、企业运作、因地制宜、分类政策"的原则，结合地域与产业重点制定布局规划，配套制定切实可行的推进方案。

二是建立与完善境外经贸合作区双向政策扶持、服务和支持体系。建立健全政府间合作沟通和协调磋商机制，由中国政府与东道国政府签署备忘录和合作协议，并在政府间合作框架下完善相关组织保障，督促东道国政府落实承诺的优惠政策并保持其稳定性；建立和完善境外经贸合作区建设的引导和服务机制、管理和产业服务机制、风险防控与维权机制等国内服务支持体系；积极拓展融资渠道，形成境外经贸合作区建设多角度、全方位的资金支持系统。

三是控制增量、做活存量，提高在建境外经贸合作区的运营效益。从前期的建设情况来看，在建境外经贸合作园区存在明显的发展失衡问题，而且各省仍在将"走出去"指标化，鼓励并推动更多企业参与新建，这就导致了"一哄而上、盲目建设"的恶性竞争。因此，提升境外经贸合作区的质量要基于《境外经济贸易合作区发展布局指引（2016—2025）》，进一步强化国别引导与产业引导，搭建一个高效的宣传推介平台，及时发布在建以及筹建的境外经贸合作区相关信息，并设立重复建设预警系统，为各级政府和企业的规划提供合理的指导。

四是创新发展模式，培育高水平特色境外经贸合作区。由境外经贸合作区专业开发团队牵头，以政府的战略安排、资源支持为强有力支撑，将由单一企业主导开发模式转变为"园区+"的全新形态，促进境外经贸合作区开发新"飞雁模式"的形成，在此基础上培育特色，提升境外经贸合作区集群化，以资本、技术、服务带动产业集聚，形成规模效应，并打造综合环境竞争力，促进高水平境外合作区高起点建设与转型升级。

5.2.4 构建中国—中南半岛新型区域价值链

上文提及中国可以通过"下行投资""平行投资"和"上行投资"的方式与中南半岛国家开展国际产能合作，在本书看来，这个过程正是中国将中南半岛发展水平较高的国家与发展中新兴经济体有机串联的过程，即通过国际产能合作，中国通过"顺梯度投资"和"逆梯度投资"成为连接中南半岛发达国家和发展中新兴经济体的"桥梁"：一方面，中国通过"顺梯度投资"，以优质富余产能转移对接中南半岛发展中新兴经济体的低端产能，将国内价值链延伸至中南半岛发展中新兴经济体，开辟了新的合作空间，形成新的经济发展区域；另一方面，中国通过"逆梯度投资"，利用中南半岛发达国家的先进技术反哺国内市场，在逐步提升自身制造能力的同时推进产业转型升级，更好地融入全球价值链并实现位势的提升。这一过程进一步提升了中国产业的技术能力与市场势力，以中国为核心的差别化跨国生产网络就此萌芽，一条基于中国—中南半岛经济走廊的新型区域价值链雏形初现。这条价值链虽然仍嵌套于传统的全球价值链体系，但不同的是，它打破了发达地区对落后地区的剥削掠夺，各参与主体在经济上形成彼此平等、互利共赢的关系，构筑了公平竞争的国际贸易通道，是一条利益共享、合作共赢的国际新型价值链。更进一步来看，这条价值链作为中国国家价值链的延伸，将沿线原本不具备参与全球价值链能力的发展中新兴经济体囊括其中，助推它们的工业化进程，缩小了区域内国家发展差距；同时，它作为全球价值链的扩展，进一步加强了发展中新兴经济体与发达国家的合作，发展中新兴经济体通过利用层级市场空间承接了发达国家的产业转移与技术溢出，并将优质产能与发达国家的资金、技术、装备相结合，有利于发达国家寻找新的经济增长点。也就是说，中国—中南半岛经济走廊新型区域价值链打破了以往传统全球价值链和国家价值链分配两极化的局面，充分考虑了发展权益与利益的分配均衡，彰显了共商、共建、互利、共赢的理念，使共建各方实现各得其所的发展，持续不断的发展，是一条可靠可持续的安全之链。可以这么说，中国—中南半岛经济走廊新型区域价值链不仅通过引进外资、技术和管理经验发展经济，而且也通过输出资金、技术和管理经验来推动周边国家的发展与繁荣，从而带动中国自身经济转型升级与区域发展的再平衡。中国—中南半岛经济走廊前期良好的建设成效是其未来建设工作持续开展的坚实基础，结合新的发展形势和新的发展诉求来看，构建中国—中南半岛经济走廊新型区域价值链不失为推进中国—中南半岛经济走廊建设的新思路。

5.3　加强陆海统筹，推进陆海联动

中国—中南半岛经济走廊有着独特的地理区位，"一带一路"沿线 11个重要节点城市以及"海丝路"东盟地区的所有重要节点港口都基本被包

括在内，且这些重要节点城市又几乎都与重要节点港口相连，这种独特的地理区位就意味着中国—中南半岛经济走廊的建设既可激发陆地活力，连片推进、联动发展，又可以释放海的潜力，联湾共舞、合作共赢，从而实现海、陆、空三位一体的全面合作。然而，由前述现实考察的结果可知，中国—中南半岛经济走廊的重要港口、节点城市还未得到有效的整合运用，从而导致技术、资本和管理等要素得不到充分撬动。因此，以陆海统筹为切入，打造陆海联动的发展格局，就是推进中国—中南半岛经济走廊建设的新亮点和新动力。

5.3.1　找准切入点，加强陆海统筹

首先，要加强和提升重要节点城市和重要节点港口的互联互通度，实现"廊""港"相连。中国与中南半岛国家应充分利用中国—东盟海上合作基金，重点推进公路、铁路、港口、航道等的建设向网络化方向发展，提升走廊沿线重要节点城市和重要节点港口的综合运行能力，形成海、陆、空互动衔接的综合交通体系以及以港口为枢纽、连接腹地、延伸世界的物流网络。

其次，以畅通重要节点城市和重要节点港口相连为基础，实现节点互撑。"一带"以沿线城市为节点，"一路"以沿线港口为节点，在中国—中南半岛经济走廊中，沿线 11 个重要节点城市几乎对应和涵盖了"21 世纪海上丝绸之路"东盟地区的重要节点港口，如曼谷对应曼谷港、新加坡对应新加坡港、胡志明市对应胡志明港、仰光对应仰光港、海防对应海防港等，这是中国—中南半岛经济走廊所独有的特性。因此，要在加强与提升重要节点市与重要节点港口的基础上，推动它们的对应性与关联性建设，使其互为支撑、共同发展。

最后，统筹园区建设，以港兴城、产城促港，形成港城协同升级。不管是建设重要节点城市，还是建设重要节点港口，均离不开境外经贸合作区这一重要载体，因此，统筹园区建设也是实现陆海联动的重要切入点。要遵循互补性的产业链配置原则，对重要节点港口临海开发园区和重要节点城市境外经贸合作区的建设进行妥善统筹，将境外经贸合作园区作为临海开发园区建设的重要基础与腹地延伸，推动临海开发园区向海洋发展，加强与中南半岛国家海洋产业合作。"十三五"规划明确提出"参与沿线重要港口建设与经营，推动共建临港产业集聚区"，因此，还要注重"以

港兴城"与"产城促港"相结合。探索"港""城"空间有序开发、互相促进的新模式,以临海开发园区和重要节点城市境外经贸园区建设为基础,推进走廊沿线重要港口向服务型、知识型转变,发挥港口对城市的支撑作用,通过开通海铁联运线路、促进物流增量等方式,建立点线结合、海陆联动、双向贯通的港城一体化发展体系,"以港兴城"推进港城融合;此外,还要积极适应走廊对沿海枢纽城市的需求,除继续扩大港口腹地、推动制造业结构升级外,还要促进临港产业朝信息化、高附加值方向发展,进一步促进产业升级,并依托集装箱码头和临港加工区,利用港口集散所形成的现代物流链,实现高效的物流传输及配送,建成国际性物流中心,"产城促港"实现可持续发展。

5.3.2 加强"支点"建设,推进陆海联动

推进中国—中南半岛经济走廊建设,要在加强陆海新通道建设基础上,充分发挥广西面向中南半岛"桥头堡"的重要区位优势,打造北部湾重要支点,统筹加快"中国—东盟港口城市联盟"与"中国—中南半岛经济走廊重点城市合作联盟"合作,实现中南半岛与西南地区、粤港澳地区的"陆海联动"式对接,并以此为基础整合资源,配置互补型产业链,助力和推动中国与中南半岛的产能合作。

首先,广西要主动参与构筑中国—中南半岛经济走廊基础设施互联互通网络,广西北部湾区域不仅要进一步提升与中南半岛陆海连通,也要进一步增强与粤港澳、西南地区的彼此联通。一方面,把中国—中南半岛经济走廊建设与中南半岛自身的发展战略结合起来,充分利用大湄公河次区域经济合作、澜沧江—湄公河合作等成熟机制强化沟通协调,积极利用亚洲基础设施投资银行、丝路基金等融资平台,根据中南半岛各国国情和需求采取不同的策略和政策;另一方面,加快中国—中南半岛经济走廊中国国内部分交通网络的建设与完善,除加强广西自身交通建设以外,还要对广西北部湾与粤港澳地区、长江经济带、西北地区的网络进行完善,推动北部湾成为东盟"10+1"和泛珠"9+2"再次交集的枢纽门户。

其次,发挥好政策叠加与机制对接的优势,在自贸区战略的引导下,推进北部湾重要支点的建设,打造中国—中南半岛经济走廊建设资源与配置产业链的整合点,构建国际国内开放合作机制体系。将21世纪海上丝绸之路建设、中国—东盟自贸区升级版、澜湄合作与西江经济带、粤港澳大

湾区等合作建设与北部湾形成良好的对接，加强陆地、海洋、江河、沿边联动，将国内经济与国际经济紧密联系起来，打造对接粤港澳、内联西南、面向中南半岛的开放格局。要进一步发展现代服务业，增强北部湾的国际服务能力，构建高效的产业国际化配套服务体系，进一步提升产业配套服务能力。要充分发挥中国—东盟信息港的作用，培育、壮大信息服务产业集群，进一步推动"互联网+制造"，使得互联网与产业融合发展。要加快沿边金融综合改革，加大金融对实体经济的支持力度，积极探索建设金融合作试验区，建立海上丝绸之路沿线国家合作的"功能性区域金融中心"，吸引东盟国家的金融资源及要素的聚集，构建南宁区域性国际金融中心。

最后，进一步加快产业园区建设，将其打造为深化国内外产业合作的新平台。创新体制机制政策建设，增强投资吸引力和综合竞争优势，以产业园区合作带动现代产业发展。要以跨境园区为主要载体，大力发展各类加工贸易产业，并推动加工贸易产业与城镇化协同发展。通过园区共建加强广西与周边省份的资源开发合作，形成产业上下游协作的格局。努力推进与中南半岛国家的"两国双园"建设，探索沿边跨境合作园区和海洋经济合作园区建设，配置国际资源加工产业链，将北部湾支点打造成为面向东盟，统筹内外的资源和产业链配置的整合点，有效发挥"门户"作用。

5.4 完善和建立高效的合作机制

合作机制是区域合作的制度保障，它既能增强战略互信、维护各方利益，也能保障各项目安全稳定运行。前述现实考察的结果已经明确指出，中国—中南半岛经济走廊建设缺乏具有权威性的高层次合作机制，面临着较大的机制瓶颈，这就意味着中国—中南半岛经济走廊的建设对务实高效的推进机制有着迫切的需求。而务实高效的推进机制既涉及对接利用、升级整合已有机制，又涉及在相关领域建立新的机制。从中国—中南半岛经济走廊已有的机制供给来看，如果不协调好现有的机制，新建任何机制都可能使得已有的机制雪上加霜。有鉴于此，中国—中南半岛经济走廊建设建立高效的推进机制就应从两方面入手，一是统筹协调现有合作机制，二是建立新的合作机制。

5.4.1　统筹协调现有合作机制

中国—中南半岛经济走廊沿线区域机制较多且层次不同，如大湄公河次区域合作、泛北部湾经济合作、澜沧江—湄公河合作等，尽管机构和职能设置各有侧重，但也难免存在重合，如表5-5所示。因此，为推进中国—中南半岛经济走廊建设建立高效的合作机制，首先就要在充分利用既有机制的基础上，逐步整合优化，形成新旧机制相互补充、相互支撑的格局。以中国—东盟自由贸易区升级版为例，事实上，中国—中南半岛经济走廊的建设与中国—东盟自贸区"升级版"高度吻合：从范围上看，中国—中南半岛经济走廊建设及未来的延长线和辐射范围，包括了大多数的东盟国家；从内容上看，中国—中南半岛经济走廊的建设极大地促进了中国与沿线国家的互联互通、相互投资与产能合作等重点领域合作发展，其建设内容与"升级版"重点发展方向高度一致；从方式上看，中国—中南半岛经济走廊建设着眼于通关便利化等合作机制的探索和建立，在货物贸易、服务贸易、投资合作等领域采取实质性新举措，这些无疑与旨在进一步提升贸易投资自由化、便利化的"升级版"是高度统一的（梁颖和卢潇潇，2017[180]）。可见，加强中国—中南半岛经济走廊与中国—东盟自由贸易区的机制整合，借助"升级版"框架下中国与中南半岛良好合作基础打造旗舰项目，是推进中国—中南半岛经济走廊建设的重要途径与方式。

表5-5　中南半岛地区主要机制

合作机制	成员构成
湄公河委员会	越南、老挝、柬埔寨
大湄公河次区域合作	中国、柬埔寨、老挝、缅甸、泰国、越南、亚洲开发银行
中老缅泰黄金四角经济合作	中国云南部分地区和老挝、缅甸、泰国相邻地区
东盟—湄公河流域开发合作	文莱、柬埔寨、中国、印度尼西亚、日本、韩国、老挝、马来西亚、缅甸、菲律宾、新加坡、泰国、越南
孟印缅斯泰经济合作	孟加拉国、印度、缅甸、斯里兰卡、泰国
东西走廊合作	越南中部、老挝中部和泰国东北部
柬老越发展三角	柬埔寨、老挝、越南相邻地区
恒河—湄公河合作	印度、柬埔寨、老挝、缅甸、泰国、越南

表5-5（续）

合作机制	成员构成
伊洛瓦底江—湄南河—湄公河经济合作	柬埔寨、老挝、缅甸、泰国
云南—泰北合作	中国云南、泰国北部
两廊一圈	中国、越南
泛北部湾经济合作	文莱、柬埔寨、中国、印度尼西亚、老挝、马来西亚、缅甸、菲律宾、新加坡、泰国、越南
日本—湄公河首脑会议	日本、柬埔寨、老挝、缅甸、泰国、越南
美国—湄公河下游国家部长会议	美国、柬埔寨、老挝、缅甸、泰国、越南
韩国—湄公河国家外长会议	韩国、柬埔寨、老挝、缅甸、泰国、越南
中国—东盟自由贸易区及其升级版	中国、新加坡、马来西亚、泰国、文莱、印度尼西亚、菲律宾、老挝、越南、柬埔寨、缅甸
澜沧江—湄公河合作	柬埔寨、中国、老挝、缅甸、泰国、越南

资料来源：亚太地区发展报告（2017）。

5.4.2　建立新的合作机制

前述分析指出，中国—中南半岛经济走廊虽然已经形成了一定意义上的区域合作机制，但这些机制主要表现为存在一定形式的工作组会议，机制的层次较低，没有真正意义上的国际组织和国际机制。因此，为了进一步消除中国—中南半岛经济走廊建设的制度阻碍，还需要高层交流与基层交流并行，不断提升中国与中南半岛国家的政治互信，在积极推动双方关系良性发展的基础上，分别建立层级不同的合作机制，加强中国与中南半岛国家之间从高层到民间的沟通与协调，增进双方的信任与了解，从而推进中国—中南半岛经济走廊的建设。

5.4.2.1　建立中国—中南半岛经济走廊国家联席会议机制

建立推进中国—中南半岛经济走廊建设的部长级会议机制，由走廊沿线各国部长级官员共同商讨并确定合作的框架、原则、主要领域、优先项目、项目实施以及合作过程中遇到的重大问题。在该部长级会议机制下另设系列专题论坛，如商务部部长论坛、文化部部长论坛、能源部部长论坛、交通部部长论坛，等等，使部长级会议机制既有全局统领性又有专项针对性。待部长级会议机制发展较为成熟之后，再建立推进中国—中南半岛经济走廊建设的首脑定期联席（峰会）机制，即"推进中国—中南半岛经济走廊建设的领导人会议"，从国家利益的高度对以往合作的成果与不足进行全面的总结，在此基础上商讨未来合作的目标和方向，并进一步提出具体行动措施。争取将峰会作为推进中国—中南半岛经济走廊建设的最高决策机构，每年召开一次。

5.4.2.2 建立中国—中南半岛经济走廊各层级政府间的合作机制

（1）国家政府层面

积极推动中国—中南半岛经济走廊沿线国家共同签订"中国—中南半岛经济走廊国家政府间合作协议"，秉承共商、共建、共享的精神，在沿线各国政府层面明确提出中国—中南半岛经济走廊的建设目标、原则、优先合作领域、重大项目等，加强顶层设计，实现高位推动，加速沿线国家的经济合作与整合。在此，中国应充分发挥在中国—中南半岛经济走廊建设中的主导性作用，推动完善沿线国家间合作的内容与方式，共同制定时间表、线路图，并积极对接中南半岛7国的国家发展规划与区域合作规划。同时，成立由中国、老挝、缅甸、柬埔寨、越南、泰国、马来西亚、新加坡8国政府首脑参与组成的中国—中南半岛经济走廊国际合作与发展委员会，并将其作为推进中国—中南半岛经济走廊建设的最高统筹机构，对推进中国—中南半岛经济建设的规划、事项进行商讨与协调。

（2）地方政府层面

建立"中国—中南半岛经济走廊省长论坛"，为走廊沿线各地市政府和企业参与制订合作规划、政策措施及重大项目建设搭建互动沟通平台。作为推进中国—中南半岛经济走廊建设的一项地方性合作机制，"中国—中南半岛经济走廊省长论坛"每年举办一次，在各国中央政府的指导下，走廊沿线各地市的合作方以此为平台，保持经常性的经济走廊建设总体规划、专项规划及优先合作领域的对接和沟通，共同制定区域发展政策和产业政策，形成在基础设施建设、国际产能合作重大开发项目上的协调与配合，合理发挥次国家政府在推动中国—中南半岛经济走廊建设过程中的自主权与能动作用。同时，促请走廊沿线国家政府签订《中国—中南半岛经济走廊地方政府间合作原则协议》，各国分别选出经济互补性强的若干个地市，加强相互间的密切往来，强化沟通协调，加快投资贸易便利化进程，促使其开展"结对合作"。

在中国国内层面，在中央统一领导协调下，由国家发展改革委牵头，由商务部、外交部、财政部、交通运输部、文化部、海洋局、海关等有关部门，以及广西、云南等相关地方政府参与的协调小组，建立协商工作机制，统筹协调各方需要，形成中国国内各方推进中国—中南半岛经济走廊建设的合力机制。

5.4.2.3　建立中国—中南半岛经济走廊智库合作机制

智库以自身研究服务政府决策、引导社会舆论，通过智库合作研究，进一步探讨各国政府以及地方政府关注的问题，了解彼此的需求，为高层决策提供咨询服务和依据。为此，要重视智库的作用，建立"中国—中南半岛经济走廊智库合作机制"。首先，要尽快出台《中国—中南半岛经济走廊智库发展规划》，推动建立各类智库，如高校智库、金融投资智库、产业合作智库等。在此基础上建立"中国—中南半岛经济走廊国际智库联盟"，推动走廊沿线各国针对中国—中南半岛经济走廊建设开展联合研究，共同围绕建设过程中的重大议题展开研讨，如合作研究走廊建设规划、细化建设方案和路线图、策划走廊示范项目等，为该走廊的建设提供决策咨询服务。定期举办中国—中南半岛经济走廊国际智库联盟论坛，为学界、政界、商界搭建研讨交流平台，加强中国—中南半岛经济走廊沿线各国政策沟通与对话协商，增进互信，促成共识。政府要从外事管理、资金、信息等方面对沿线国家智库之间开展联合研究、合作举办论坛等予以大力支持，除了就专项议题以公开招标、定向委托、专家咨询等形式听取智库意见外，还要建立常规上报渠道，以便日常研究成果和专家意见能够准确、及时地送达决策者。

5.4.2.4　建立重点领域合作机制

从前述现实考察的结果可知，中国—中南半岛经济走廊的建设缺乏权威的组织领导，走廊沿线各国官方并没有达成原则性、框架性的统一意见，也没有联合对外发布权威的文本，而仍然停留在探索、研究的概括性倡议层面，缺少具体实质性意义的合作内容与议程，导致很多合作流于形式。因此，中国—中南半岛经济走廊建设要建立重点领域合作机制，如基础设施建设合作机制、国际产能合作机制、重要节点城市合作机制等，使得走廊沿线各国政府间工作组会议达到正式化、集中化和授权化，形成真正意义上的国际制度安排。

（1）建立基础设施建设合作机制

基于现有的高层次互动磋商机制，设立"中国—中南半岛经济走廊基础设施建设高层论坛"，走廊沿线国家相关部门、智库、媒体的高级代表通过这个平台就中国—中南半岛经济走廊基础设施建设领域的合作定期进行高层次商讨，从战略高度和长远发展视角为中国—中南半岛经济走廊基础设施建设的机制化做好理论和舆论准备。走廊沿线国家的交通、能源、通信等部门在此基础上建立相应的对话机制和协调工作机制，以推动各领域基础设施建设工作的落实。待条件发展更为成熟之时，成立"中国—中南半岛经济走廊基础设施建设项目规划协调委员会"作为正式的官方机构，由其根据实际的需要制定规划、确定优先项目、合作方式、利益分享机制、融资方式等，促进走廊沿线各国基础设施建设合作相关协议与文件的落实，规划沿线国家各领域合作的方向以及重点，并与联合国亚太经济与社会理事会、亚洲开发银行等国际合作机制在该区域的规划路线对接，为区域基础设施相关项目的建设和运营管理等提供政策以及其他方面必要的支持。

（2）建立国际产能合作机制

对于深化中国—中南半岛经济走廊的国际产能合作，要在推进"一带一路"建设工作小组的指挥下，在现有部门的基础上，从国家层面设立中国—中南半岛经济走廊国际产能合作专门领导小组。在对外方面，该领导小组有针对性地完成制定科学的产业需求图，建设完善的上层架构，合理规划时间表、建立工业园区等方面的具体任务；对内方面，该领导小组以中国—中南半岛经济走廊国际产能合作的发展规划为基本前提，将具体需求划分至多元主体（如中央、部委、地方政府以及企业、行业协会）中，明确各主体之间的职能，保障各类具体事项的落实，建立以推动中国—中南半岛经济走廊国际产能合作"提质增效"为目标导向的有效沟通的机制。与此同时，我国政府还应协助走廊沿线重点国际产能合作国，鼓励走廊沿线所有国家建立既符合总目标又贴近本国现实国情以及国际产能合作需求的中国—中南半岛经济走廊国际产能合作专门领导小组，为实现更加科学、更加专业以及更加具体的国际产能合作对接提供组织保障。此外，还应在国际产能合作领导小组之上设立以我国为主的中国—中南半岛经济走廊国际产能合作总领导小组，负责统筹协调各国的国际产能合作专门领导小组的对接工作。

（3）建立重要节点城市合作机制

在中国—中南半岛经济走廊沿线城市中，挑选出具备较完善交通网络和较强产业实力的城市，将它们作为推进中国—中南半岛经济走廊建设的重要节点城市。通过深入开展政府外交、民间外交以及文化艺术交流等形式，密切互动往来，缔结友好城市，构建重要节点城市共同体，推动沿线城市的合作与发展。为此，要根据沿线重要节点城市的比较优势及其在中国—中南半岛经济走廊中的定位，强化城市之间的政策互联与战略对接，构建重要节点城市合作平台，建立固定化、常态化的联络机制与合作机制。为保障各项事务的顺利进行，还应设立秘书处，负责制定与协调推进合作计划，为重要节点城市合作提供强有力的组织保障。重点研究、共同推进节点城市间产业、贸易、金融、现代物流等领域合作的具体路径和措施，串起中国—中南半岛经济走廊城市合作与产业合作的"珍珠链"，促进中国—中南半岛经济走廊共同繁荣发展。

6 研究结论与展望

6.1 研究结论

经过百余年的演进，经济走廊早已不再局限于物理上的连通，而是更多地肩负起促进经济发展的使命。在传统发达经济体，无论是鼎盛时期的发展规划还是低迷阶段的复兴战略，经济走廊的重要性从未被忽略；在发展中的新兴经济体，从寻求经济增长到实现更稳健的经济发展，经济走廊一直在被实践并不断挖掘价值。2013 年"一带一路"倡议提出后，全球的目光聚焦到了中国，在美日欧等西方传统发达经济体无法为世界经济复苏提供动力之时，大家开始关注正在崛起的中国究竟会为世界贡献怎样的智慧和方案。2015 年 3 月，随着《愿景与行动》的提出，携手"一带一路"沿线国家共同打造六大经济走廊的规划正式面世，从历史走来的经济走廊再次肩负起新的发展使命。

作为"一带一路"倡议规划的六大经济走廊之一，中国—中南半岛经济走廊是"一带一路"倡议的重要组成部分及"一带一路"建设的重要任务，这一点不言而喻。但就所处地理区域及自身禀赋而言，中国—中南半岛经济走廊对于"一带一路"又有着独特且重要的意义。一方面，中国—中南半岛经济走廊在加强基础设施建设，提升沿线国家联通能力，推进国际产能合作进程中，南向会在新加坡与"21 世纪海上丝绸之路"形成衔接，北向会以中国广西、云南为起点经西南地区、珠三角地区与"丝绸之路经济带"相连，使其成为联结"一带"与"一路"的纽带和桥梁，成为"一带一路"建设的脊骨支撑；另一方面，中国—中南半岛经济走廊沿线国家（除老挝外）均为滨海半岛之国，该走廊不仅包括陆上11个主要节点城市，还涵盖了"21世纪海上丝绸之路"东盟地区的重要节点港口，主要节点城市几乎都与重要港口相连，串联"廊"和"港"、实现陆海联动的潜力优势显而易见。这样的地域特征，意味着中国—中南半岛经济走廊的建设既有陆的合作，又有海的联动，不仅能在海陆并举、陆海统筹中连接"一带"和"一路"，还有助于与"一带一路"重要节点城市、港口的发展形成相互支撑，在"路""带"联结的基础上更好地推进"一带一路"建设。随着"一带一路"倡议的实施，中国—中南半岛经济走廊在原有通道的基础上，加强基础设施建设，推进商贸发展，依托重点城市和园区，促进国际产能合作，搭建起了走廊的基本框架，成效初现，具备较好的发展基础。

"一带一路"高质量发展征程的全面开启意味着六大经济走廊的建设必须百尺竿头、更进一步，对于中国—中南半岛经济走廊而言，就是要在前期夯基垒台、立柱架梁的基础上，全面朝着落地生根、持久发展迈进。在进入高质量发展的新阶段，如何为中国—中南半岛经济走廊建设提供一个更有针对性的推进方案，切实贯彻"因廊施策"的建设方针，进一步推进其建设向高质量方向发展，就具有重要的理论价值与现实意义。有鉴于此，本书基于对"中国—中南半岛经济走廊建设是否初具成效"以及"如何使中国—中南半岛经济走廊建设更具成效"这两个问题的思考，围绕推进中国—中南半岛经济走廊建设展开全面研究，得出以下结论：

第一，作为在一定地理区域内积累与扩散所形成的特殊空间形态，经济走廊首先侧重于基础设施"轴"的建设与完善以及区域间可达性的提升，为了适应发展需要，经济走廊不再囿于运输节点连接，"发展"和"经济"逐渐成为其核心内涵，并以其独有的优势日益成为区域合作的重要方式。在以往中国与中南半岛的经济合作中，大湄公河次区域合作、中国—东盟自由贸易区、泛北部湾经济合作、澜沧江—湄公河合作等虽然都在不同程度上促进了双边经济的发展，但这些合作机制近年来也渐显推动力不足的疲态，鉴于经济走廊对于区域合作的有效性以及中国—中南半岛深化经济关系的现实之需，建设中国—中南半岛经济走廊就不失为一种新的选择。事实上，中国—中南半岛经济走廊的提出由来已久，前期建设也初具成效，但总体进程仍显缓慢，因此，在进入高质量发展的新阶段，切实贯彻"因廊施策"的经济走廊建设方针，为中国—中南半岛经济走廊的建设寻找一个更有针对性的推进方案就显得尤为必要。

第二，经济走廊实质为"以基础设施为载体，对沿线国家（或地区）进行结构调整、产业培育、资源开发和生产力布局的跨地域经济"，中国—中南半岛经济走廊在"一带一路"中有着独特的功能定位：从地理区位来看，它是连接"一带"和"一路"的关键区域，因此，进一步促进公路、铁路、航道、油气管道、通信等基础设施的互联互通，形成纵横交错、贯通四方的交通网，这是推进中国—中南半岛经济走廊建设的第一要务；再从所处区域资源禀赋、沿线国家合作需求及国别潜力来看，中南半岛与中国共建新型跨国生产网络的条件最成熟，因此，在基础设施互联互通的基础上，沿线各国进一步扩大贸易规模，提升经贸合作层次和水平，构建跨国生产网络与差别化的国际产能合作路径，打造"一带一路"国际产能合作示范区，这是推进中国—中南半岛经济走廊建设的核心任务。

第三，中国—中南半岛经济走廊的前期在基础设施互联互通、国际产能合作、政治互信与合作机制建设方面均初具成效，但也依旧存在一系列问题与挑战，如基础设施互联互通仍显滞后、国际产能合作缓慢、合作机制层次低、政治互信程度有待提升等，这就反映出：中国—中南半岛经济走廊基础设施建设存在较大缺口，加强基础设施建设的需求显而易见；中国—中南半岛经济走廊国际产能合作潜力尚未完全挖掘，具备进一步深化合作的潜力。因此，加强基础设施建设与深化国际产能合作就是推进中国—中南半岛经济走廊建设需要着重发力的关键。与此同时，现实考察的结果也反映了中国在基础设施建设和国际产能合作领域具备明显优势，因此，中国有必要也有能力在推进该走廊的建设过程中发挥更多积极的作用。

第四，结合现实考察结果和中国—中南半岛经济走廊沿线的区域发展规划、国家战略部署发现，该走廊存在加强基础设施建设的潜在需求；再分别运用世界银行的物流绩效指数、引入基础设施的引力模型与边界效应模型论证检验走廊沿线国家基础设施建设与物流绩效、贸易往来的相关性，发现该走廊存在加强基础设施的必要性。运用"贸易互补性指数""加权产业内贸易指数""拉菲指数""贸易竞争力指数""出口相似性指数"对中国与中南半岛的产业互补性与竞争性进行测度，发现虽然中国与中南半岛国家部分产业贸易出现了竞争，但双方在绝大多数领域仍各具比较优势，贸易互补性强、贸易潜力大，该走廊具备深化国际产能合作的潜在需求。分别从贸易增加值、产业升级的视角对中国产业竞争力进行实证检验，发现近年来中国产业的显性比较优势和全球价值链位置均有所提升，特别是在"一带一路"倡议提出后，相关数据及测算结果明显向好，"一带一路"倡议还实质性地促进了中国的产业升级，中国具有推进中国—中南半岛经济走廊建设的优势，具备真正意义上"因廊施策"，也就是重点推进国际产能合作的推动力。

第五，推进中国—中南半岛经济走廊建设向高质量发展应切实贯彻"因廊施策"原则，以"深化国际产能合作"和实现"陆海联动"作为新背景下推进中国—中南半岛经济走廊建设的主要方向，而"深化国际产能合作"和实现"陆海联动"需要进一步加强和提升基础设施建设来更好地提供基础支撑，同时亦要以整合与完善有关机制作为制度保障。因此，在加强基础设施建设方面，首先在对接战略规划和技术标准的基础上，进一步规划与完善走廊基础设施建设布局与实施方案；其次，进一步加强与提升各类基础设施建设，打造现代化综合交通运输体系；最后是促进通关便利化。在深化国际产能合作方面，一是科学规划国际产能合作的领域，二是制定合理的国际产能合作策略，三是升级国际产能合作平台载体，四是构建中国—中南半岛新型区域价值链。在加强陆海统筹，推进陆海联动方面，一是要找准切入点，加强陆海统筹，二是要加强"支点"建设，推进陆海联动。在构建高效合作机制方面，一是统筹协调现有合作机制，二是建立新的合作机制。

6.2　研究展望

　　"一带一路"倡议及其致力打造的六大经济走廊是一个跨越漫长时间和广泛空间的概念，这就意味着"一带一路"及其框架下"六大经济走廊"的建设是一个动态变化、不断更新理念的过程。也就是说，"一带一路"的建设需要根据国际形势的变化不断调整推进方案，六大经济走廊的建设亦然。特别是自2020年爆发新型冠状病毒感染疫情以来，国际格局发生了明显的变化，在这一背景下，"一带一路"建设如何开展，"六大经济走廊"如何因势利导、因廊施策都是值得进一步思考的问题。因此，如何结合时局的变化去思考推进中国—中南半岛经济建设的对策路径，需要在未来的研究中进一步探索。

参考文献

［1］ TAYLOR T G. Urban Geography ［M］. London：Methuen Publishing Ltd，1949.

［2］ WHEBELL C F J. Corridors：A Theory of Urban System ［J］. Annals of the Association of American Geographers，1969，59（1）：1-26.

［3］ PRIEMUS H，ZONNEVELD W. What Are Corridors and What Are the Issues? Introduction to Special Issue：The Governance of Corridors ［J］. Journal of Transport Geography，2003，11（3）：167-177.

［4］ CHAPMAN D，PRATT D，LARKHAM P，et al. Concepts and Definitions of Corridors：Evidence from England's Midlands ［J］. Journal of Transport Geography，2003，11：179-191.

［5］ ANDERSEN S S，ELIASSEN K A. Making Policy in Europe：the Europeanisation of National Policy－making ［M］. London：Sage Publications，1994.

［6］ CATER E. The Impact of the M4 Motorway on Residential Location in the Reading Sub-Regional：The Application of a Disaggregated Residential Location Model ［A］. In Button K J，Gillingwater D（ed）. Transport，Location and Spatial Policy ［C］. England：Gower Publishing Company Limited，1983.

［7］ LINNEKER B J，SPENCE N. An Accessibility Analysis of the Impact of the M25 London Orbital Motorway on Britain ［J］. Regional Studies，1992，26（1）：31-47.

［8］ ETZKOWITZ H，LEYDESDORFF L. The Dynamics of Innovation：from National Systems and "Mode 2" to a Triple Helix of University-Industry-Government Relations ［J］. Research Policy，2000，29（2）：109-123.

［9］ MARTINI L, TJAKAATMADJA J H, ANGGORO Y, et al. Triple Helix Collaboration to Develop Economic Corridors as Knowledge Hub in Indonesia ［J］. Procedia-Social and Behavioral Science, 2012 (52): 130-139.

［10］ REGMI M B, HANAOKA S. Assessment of Intermodal Transport Corridors: Cases from North-east and Central Asia ［J］. Research in Transportation Business & Management, 2012 (5): 27-37.

［11］ ZENG H, YOU F, ZHANG X J. Formation and Evolution Mechanism of Economic Zones along Expressways and their Allocation and Planning ［J］. Geographical Research, 2001, 20 (4): 471-478.

［12］ KRONGKAEW M. The Development of the Greater Mekong Sub-region (GMS): Real Promise or False Hope? ［J］. Journal of Asian Economics, 2004, 15 (5): 977-998.

［13］ 王谷成, 黎鹏. GMS 框架下次区域经济走廊功能的演变机制研究 ［J］. 东南亚纵横, 2009 (8): 52-55.

［14］ 王磊, 黄晓燕, 曹小曙. 区域一体化视角下跨境经济走廊形成机制与规划实践: 以南崇经济带发展规划为例 ［J］. 现代城市研究, 2012 (9): 71-79.

［15］ 赵洪, 杨沐. 中国—缅甸经济走廊及其影响 ［J］. 东南亚南亚研究, 2012 (4): 35-39.

［16］ 黄勤, 林鑫. 长江经济带建设的指标体系与发展类型测度 ［J］. 改革, 2015 (12): 33-41.

［17］ JOHNSTON A I. Is China a Status Quo Power? ［J］. International Security, 2003, 27 (4): 5-56.

［18］ 阳茂庆, 杨林, 胡志丁. "一带一路" 北京下中国与中南半岛贸易格局演变及面临的挑战 ［J］. 热带地理, 2015 (5): 655-663.

［19］ BERT W. The United States, China and Southeast Asian Security—A Changing of the Guard ［M］. New York: Palgrave Macmillan, 2003.

［20］ KURLANTZICK J. Charm Offensive: How China's Soft Power is Transforming the World ［M］. Yale University Press, 2008.

［21］ 李明江. 硬实力、软实力、巧实力: 透视中国—东盟关系 ［J］. 亚太安全与海洋研究, 2015 (1): 28-38, 129.

［22］ GLOSNY M A. Heading toward a Win-Win Future: Recent Develop-

ment in China's Policy toward Southeast Asia ［J］. Asian Security, 2006, 2
（1）：24-57.

［23］何龙群. 论中国共产党的"和谐世界"理念在中国与东盟关系中
的实践 ［J］. 中共党史研究, 2008 (2)：34-40.

［24］KHAN S, YU L. Evolving China-ASEAN Relations and CAFTA：
Chinese Perspectives on China's Initiatives in Relation to ASEAN Plus I ［J］.
European Journal of East Asian Studies, 2013, 12 (1)：81-107.

［25］曹云华, 徐善宝. 睦邻外交政策与中国—东盟关系 ［J］. 当代亚
太, 2004 (2)：52-59.

［26］WEISSMANN M. The South China Sea Conflict and Sino-ASEAN
Relations：A Study in Conflict Prevention and Peace Building ［J］. Asian Per-
spective, 2010, 34 (3)：35-69.

［27］王玉主. 影响中国东盟关系的因素以及未来双边关系的发展
［J］. 学术探讨, 2010 (3)：37-44.

［28］何跃. 中国与中南半岛国家地缘关系分析 ［J］. 上海师范大学学
报 (哲学社会科学版), 2008 (6)：108-114.

［29］李巍, 罗仪馥. 中国周边外交中的澜湄合作机制分析 ［J］. 现代
国际关系, 2019 (5)：17-25.

［30］周娅. 建构主义新视域：地缘文化及其建构机制研究——以中南
半岛为例 ［D］. 昆明：云南大学, 2013.

［31］梁茂林, 骆华松, 彭邦文, 渠立权. 中国与中南半岛国家双边关
系演进及形成机理研究 ［J］. 世界地理研究, 2017 (3)：1-11.

［32］朱陆民, 陈丽斌. 地缘战略角度思考中国与中南半岛合作的重要
意义 ［J］. 世界地理研究, 2011 (2)：20-28.

［33］林利民. 世界地缘政治新变局与中国的战略选择 ［J］. 现代国际
关系, 2014 (4)：1-9.

［34］陈乔之. 冷战后东盟国家的对华政策研究 ［M］. 北京：社会科学
出版社, 2001.

［35］吴志纯, 唐敬年. 沿澜沧江—湄公河对外开放是我国加强与东南
亚合作的战略之举 ［J］. 中国软科学, 1992 (6)：20-22.

［36］谭果林, 苏文江. 我国面向东南亚开放的一个突破口：开发澜沧
江—湄公河流域 ［J］. 中国软科学, 1992 (5)：22-23.

［37］贺圣达.大湄公河次区域合作：复杂的合作机制和中国的参与 [J].南洋问题研究，2005（1）：6-14，45.

［38］卢光盛.中国与湄公河国家的经济关系：内容、特征和启示 ［J］.华侨大学学报（哲学社会科学版），2013（2）：24-35.

［39］王士录.大湄公河次区域经济合作的国际关系学意义解读 ［J］.当代亚太，2006（12）：3-11.

［40］王敏正.论大湄公河次区域合作与中国—东盟自由贸易区的建立 ［J］.东北亚论坛，2003（3）：16-20.

［41］卢光盛.中国与湄公河国家的经济关系：内容、特征和启示 ［J］.华侨大学学报（哲学社会科学版），2013（2）：24-35.

［42］张帆.建立中国—东盟自由贸易区贸易与投资效益分析 ［J］.国际经贸探索，2002（5）：63-66.

［43］江虹.建立中国—东盟自由贸易区的经济效益分析 ［J］.国际贸易问题，2005（4）：50-53.

［44］邱丹阳.中国—东盟自由贸易区：中国和平崛起的地缘经济学思考 ［J］.当代亚太，2005（1）：8-13.

［45］邱丹阳.中国"和平崛起"战略的地缘经济实践：以中国—东盟自由贸易区为例 ［J］.暨南学报（哲学社会科学版），2006（1）：8-12.

［46］王玉主.自贸区建设与中国东盟关系：一项战略评估 ［J］.南洋问题研究，2012（1）：10-19.

［47］贺圣达.泛北部湾合作：从中国—东盟全方位、多层次合作视角的考察 ［J］.东南亚纵横，2008（1）：10-13.

［48］李明江.泛北部湾合作与区域安全：关注南海 ［J］.东南亚纵横，2008（1）：15-20.

［49］张蕴岭.如何推进泛北部湾经济合作 ［J］.东南亚纵横，2008（1）：3-5.

［50］贺圣达.东盟及其与中国关系的新发展背景下的泛北部湾合作 ［J］.创新，2008（5）：5-9.

［51］PEMPEL T J. Soft Balancing, Hedging, and Institutional Darwinism：The Economic-security and East Asian Regionalism ［J］. Journal of EAST Asian Studies，2010，10（2）：209-238.

［52］MIDDLETON C, ALLOUCHE J. Watershed or Powershed? Critical

Hydropolitics, China and the "Lancang-Mekong Cooperation Framework" [J]. The International Spectator, 2016, 51 (3): 100-117.

[53] 罗仪馥. 从大湄公河机制到澜湄合作：中南半岛上的国际制度竞争 [J]. 外交评论 (外交学院学报), 2018 (6): 119-156.

[54] GRUMBINE R E. Using Transboundary Environmental Security to Manage the Mekong River: China and South-East Asian Countries [J]. International Journal of Water Resources Development, 2018, 34 (5): 792-811.

[55] 邓涵. "峰会年" 看澜湄地区制度竞合 [J]. 当代亚太, 2019 (6): 131-157.

[56] 朱进杰, 诺馥思. 国际制度设计视角下的澜湄合作 [J]. 外交评论, 2020 (3): 45-68.

[57] 刘稚, 徐秀良. "一带一路" 背景下澜湄合作的定位及发展 [J]. 云南大学学报 (社会科学版), 2017 (5): 94-100.

[58] 刘卿. 澜湄合作进展与未来发展方向 [J]. 国际问题研究, 2018 (2): 43-54, 132.

[59] 汪海. 从北部湾到中南半岛到印度洋：构建中国联系东盟和避开 "马六甲困局" 的战略通道 [J]. 世界经济与政治, 2007 (9): 47-54.

[60] 卢光盛. 澜沧江—湄公河合作机制与中国—中南半岛经济走廊建设：[J]. 东南亚纵横, 2016 (6): 31-35.

[61] 梁茂林, 骆华松, 彭邦文, 等. 中国与中南半岛国家双边关系演进及形成机理研究 [J]. 世界地理研究, 2017 (3): 1-11.

[62] 卢伟, 公丕萍, 李大伟. 中国—中南半岛经济走廊建设的主要任务及推进策略 [J]. 经济纵横, 2017 (2): 50-56.

[63] 盛玉雪, 王玉主. 中国—中南半岛经济走廊推进机制：需求、供给及选择 [J]. 学术探索, 2018 (3): 45-50.

[64] 段涛, 卢光盛. 中国—中南半岛经济走廊建设：进展、问题及对策 [J]. 复旦国际关系评论, 2017 (1): 87-109.

[65] 刘鑫, 黄旭文. 中国—中南半岛经济走廊的几个要点 [J]. 人民论坛, 2018 (36): 94-95.

[66] 罗雨泽. 统筹推进六大经济走廊建设 [J]. 开放导报, 2019 (1): 17-22.

[67] 卢光盛. 澜沧江—湄公河合作机制与中国—中南半岛经济走廊建

设：[J]. 东南亚纵横, 2016 (6)：31-35.

[68] 卢光盛, 段涛."一带一路"视阈下的战略对接研究：以中国—中南半岛经济走廊为例 [J]. 思想战线, 2017 (6)：160-168.

[69] 盛玉雪, 王玉主. 中国—中南半岛经济走廊推进机制：需求、供给及选择 [J]. 学术探索, 2018 (3)：45-50.

[70] 王金波."一带一路"经济走廊贸易潜力研究：基于贸易互补性、竞争性和产业国际竞争力的实证分析 [J]. 亚太经济, 2017 (4)：93-100, 175.

[71] 文淑惠, 张昕. 中南半岛贸易潜力及其影响因素：基于随机前沿引力模型的实证分析 [J]. 国际贸易问题, 2017 (10)：97-108.

[72] 郑丽楠, 梁双陆, 刘林龙. 中国与六大经济走廊沿线国家的贸易联系问题研究 [J]. 当代经济管理, 2019 (3)：45-52.

[73] 梁双陆, 申涛. 中国—中南半岛经济走廊沿线国家经济关联与增长的空间溢出效应 [J]. 亚太经济, 2019 (5)：24-31, 149-150.

[74] 刘宗义. 我国"一带一路"倡议在东南、西南周边的进展现状、问题及对策 [J]. 印度洋经济体研究, 2015 (4)：92-143.

[75] 古小松. 关于中新印经济走廊的思考与探讨 [J]. 学术前沿, 2016 (11)：71-79.

[76] 吴良, 秦奇, 张丹, 等. 印度洋通道对中国地缘环境的影响 [J]. 地理科学进展, 2018 (11)：1510-1520.

[77] 方志斌. 中国—中南半岛经济走廊建设的发展现状、挑战与路径选择 [J]. 亚太经济, 2019 (6)：21-25, 144.

[78] 赵可金. 以互联互通为核心建设六大经济走廊 [J]. 国际工程与劳务, 2016 (10)：20-23.

[79] 张建平."一带一路"框架下中国与中南半岛互联互通的实践与构想 [J]. 东岳论丛, 2017 (9)：117-124.

[80] 盛叶, 魏明忠. 中国—中南半岛经济走廊通道建设探究 [J]. 当代经济, 2017 (2)：4-6.

[81] 胡关子."一带一路"软件基础设施连通研究：以中国—中南半岛经济走廊为例 [J]. 中国流通经济 2018 (4)：102-109.

[82] 全毅, 尹竹. 中国—东盟区域、次区域合作机制与合作模式创新 [J]. 东南亚研究, 2017 (6)：15-36, 152-153.

［83］苏小庆，李昂，王颂吉."一带一路"经济走廊上的支点城市：空间分布与建设措施［J］.贵州社会科学，2018（12）：111-119.

［84］汤永川，潘云鹤，张雪，等."一带一路"沿线六大经济走廊优势产业及制造业国际合作现状分析［J］.中国工程科学，2019（4）：60-68.

［85］熊彬，范亚亚.价值链嵌入形式、制度质量与国际分工地位：基于中国—中南半岛经济走廊国家的面板数据分析［J］.哈尔滨工业大学学报（哲学社会科学版），2019（5）：23-34.

［86］熊琛然，彭邦文，王礼茂.中美日印对中南半岛国家影响力的测度与分析［J］.南亚研究，2020（1）：101-124，151-152.

［87］文淑惠，胡琼.制度效应、相邻效应与中国对中南半岛国家的直接投资［J］.国际商务，2019（3）：32-45.

［88］朱翠萍，陈富豪.中国—中南半岛经济走廊建设：潜力、挑战与对策［J］.东南亚纵横，2019（2）：38-47.

［89］方志斌.中国—中南半岛经济走廊建设的发展现状、挑战与路径选择［J］.亚太经济，2019（6）：21-25，144.

［90］郎平.发展中国家区域经济一体化框架下的政治合作［J］.世界经济与政治，2012（8）：129-148.

［91］刘稚，黄德凯.地缘政治权力结构冲突下的孟中印缅经济走廊建设［J］.南亚研究，2018（1）：27-49，157-158.

［92］TAYLOR T G. Urban Geography［M］. London：Methuen Publishing Ltd，1949.

［93］WHEBELL C F J. Corridors：A Theory of Urban System［J］. Annals of the Association of American Geographers，1969，59（1）：1-26.

［94］卢光盛，邓涵.经济走廊的理论溯源及其对孟中印缅经济走廊建设的启示［J］.南亚研究，2015（2）：1-4，154.

［95］曹小曙，阎小培.20世纪走廊及交通运输走廊研究进展［J］.城市规划，2003（1）：50-56.

［96］王磊，黄晓燕，曹小曙.区域一体化视角下跨境经济走廊形成机制与规划实践：以南崇经济带发展规划为例［J］.现代城市研究，2012（9）：71-79.

［97］杨鹏.通道经济：区域经济发展的新兴模式［M］.北京：中国经济出版社，2012.

［98］梁昊光. 人类命运共同体的实践路径［J］. 人民论坛, 2017 (28)：46-47.

［99］陈利君. 孟中印缅经济走廊与"一带一路"建设［J］. 东南亚南亚研究, 2015 (4)：54-62.

［100］国务院发展研究中心"一带一路"课题组."一带一路"经济走廊：畅通与繁荣［M］. 北京：中国发展出版社, 2018.

［101］杨勇. 地缘政治与中国的大战略［J］. 黑龙江社会科学, 2005 (2)：16-21.

［102］高柏, 甄志宏等. 中巴经济走廊的政治经济学分析［M］. 北京：社会科学文献出版社, 2017.

［103］张秀杰. 东北亚区域经济合作下的中蒙俄经济走廊建设研究［J］. 学习与探索, 2015 (6)：105-108.

［104］李希光等. 中巴经济走廊［M］. 北京：文津出版社, 2016.

［105］姚遥, 贺先青. 孟中印缅经济走廊建设的现状及前景［J］. 现代国际关系, 2018 (8)：46-54.

［106］卢伟, 李大伟."一带一路"背景下大国崛起的差异化发展策略［J］. 中国软科学, 2016 (10)：11-19.

［107］卢伟, 公丕萍, 李大伟. 中国—中南半岛经济走廊建设的主要任务及推进策略［J］. 经济纵横, 2017 (2)：50-56.

［108］梁颖, 卢潇潇. 加快"21世纪海上丝绸之路"重要节点建设的建议［J］. 亚太经济, 2017 (4)：18-22, 173.

［109］黎尔平. 非传统安全视角下云南参与大湄公河次区域经济合作研究［J］. 云南财经大学学报, 2006 (3)：96-101.

［110］刘稚. 大湄公河次区域经济走廊建设与中国的参与［J］. 当代亚太, 2009 (3)：58-65.

［111］柳思思."一带一路"：跨境次区域合作理论研究的新进路［J］. 南亚研究, 2014 (2)：1-11, 156.

［112］HAMANAKA S. What is Subregionalism? Analytical Framework and Two Case Studies from Asia［J］. Pacific Focus, 2015, 30 (1)：389-414.

［113］樊勇明. 区域性国际公共产品：解析区域合作的另一个理论视点［J］. 世界经济与政治, 2008 (1)：7-13.

［114］刘晓伟."一带一路"倡议下次区域合作机制化限度研究：以

"孟中印缅经济走廊"为例 [J]. 南亚研究, 2019 (1): 101-116, 148-149.

[115] 全毅, 尹竹. 中国—东盟区域、次区域合作机制与合作模式创新 [J]. 东南亚研究, 2017 (6): 15-36, 152-153.

[116] 盛玉雪, 王玉主. 中国—中南半岛经济走廊推进机制: 需求、供给及选择 [J]. 学术探索, 2018 (3): 45-50.

[117] ROMER P M. Increasing Returns and Long-Run Growth [J]. Journal of Political Economy, 1986, 94 (5): 1002-1037.

[118] BARRO R J. Government Spending in a Simple Model of Endogenous Growth [J]. Journal of Political Econmomy, 1990, 98 (5): 103-125.

[119] DUGGAL V G, SALTZMAN C, KLEIN L R. Infrastructure and Productivity: A Nonlinear Approach [J]. Journal of Economic, 1999, 92 (1): 47-74.

[120] 刘生龙, 胡鞍钢. 基础设施外部性在中国的检验: 1988-2007 [J]. 经济研究, 2010 (3): 4-15.

[121] 刘秉镰, 刘玉海. 交通基础设施建设与中国制造业企业库存成本降低 [J]. 中国工业经济, 2011 (5): 69-79.

[122] 欧阳艳艳, 张光南. 基础设施供给与效率对"中国制造"的影响研究 [J]. 管理世界, 2016 (8): 97-109.

[123] 夏先良. 构筑"一带一路"国际产能合作体制机制与政策体系 [J]. 国际贸易, 2015 (11): 26-33.

[124] 安宇宏. 国际产能合作 [J]. 宏观经济管理, 2015 (10): 83-83.

[125] 张洪, 梁松. 共生理论视角下国际产能合作的模式探析与机制构建: 以中哈产能合作为例 [J]. 宏观经济研究, 2015 (12): 121-128.

[126] 高强. 产品生命周期与产业生命周期 [J]. 国际贸易问题, 1987 (6): 51-53.

[127] 小岛清. 对外贸易论 [M]. 天津: 南开大学出版社, 1962.

[128] 张锡镇. 中国同东盟的睦邻互信伙伴关系 [J]. 当代亚太, 1999 (2): 26-29.

[129] 陆建人. 政治互信决定合作命运: 写在中国—东盟建立对话关系20周年之际 [J]. 进出口经理人, 2011 (10): 79-80.

[130] 赵江林. 大区域价值链: 构筑丝绸之路经济带共同利益基础与政策方向 [J]. 人文杂志, 2016 (5): 21-28.

[131] 亚当·斯密. 国民财富的性质和原因的研究：上卷 [M]. 上海：商务印书馆, 1983.

[132] RODAN R P N. Problems of Industrial of Eastern and South-Eastern Europe [J]. The Economic Journal, 1943, 5 (53): 202-211.

[133] SOLOW R M. A Contribution to the Theory to Economic Growth [J]. Quarterly Journal of Economics, 1956, 70 (1): 65-94.

[134] ROLLER L H, WAVERMAN L. Telecommunications Infrastructure and Economic Development: A simultaneous Approach [J]. The American Economic Review, 2001, 91 (4): 909-923.

[135] 娄洪. 长期经济增长中的公共投资政策：包含一般拥挤性公共设施资本存量的动态经济增长模型 [J]. 经济研究, 2004 (3): 10-19.

[136] 郑世林, 周黎安, 何维达. 电信基础设施与中国经济增长 [J]. 经济研究, 2014 (5): 77-90.

[137] 吴清华, 周晓时, 冯中朝. 基础设施对农业经济增长的影响：基于 1995-2010 年中国省际面板数据的研究 [J]. 中国经济问题, 2015 (3): 29-37.

[138] 朱丹丹, 黄海波. 中国对外援助能够促进受援国的经济增长吗?：兼论"促贸援助"方式的有效性 [J]. 中国经济问题, 2018 (2): 24-33.

[139] LIMAN N, VENABLES A J. Infrastructure, Geographical Disadvantage, Transport costs, and Trade [J]. World Bank Economic Review, 2001, 15 (3): 451-479.

[140] 樊秀峰, 余姗. "海上丝绸之路"物流绩效及对中国进出口贸易影响实证 [J]. 西安交通大学学报（社会科学版）, 2015 (3): 13-20.

[141] LAKSHMANAN T R. The Broader Economic Consequences of Transport Infrastructure Investments [J]. Journal of Transport Geography, 2011, 19 (1): 1-12.

[142] 赵泉午, 廖勇海. 我国交通基础设施与物流规模的实证研究：基于中国 1998—2010 年省域空间面板数据 [J]. 华东经济管理, 2012 (3): 64-68.

[143] DENG P, LU S, XIAO H. Evaluation of the Relevance Measure between Ports and Regional Economy Using Structure Equation Modeling [J]. Transport Policy, 2013, 27 (3): 123-133.

[144] 焦新龙, 刘雪莲, 马天山. 港口物流绩效定量评价理论及应用 [J]. 经济地理, 2009 (12): 2034-2038.

[145] CARLOS P B, PETER U C D. Performance Evaluation of Italian Airports: A Data Envelopment Analysis [J]. Journal of Air Transport Management, 2007, 13 (4): 184-191.

[146] KASARDA J D, GREEN J D. Air Cargo as An Economic Development Engine: A Note on Opportunities and Constraints [J]. Journal of Air Transport Management, 2005 (11): 459-462.

[147] HAUSMAN W H, LEE H L, SUBRAMANIAN U. The Impact of Logistics Performance in Trade [J]. Production & Operation Management, 2013 (2): 236-252.

[148] MARTIL R, PUERTAS R, GARCIA L. The Importance of the Logistics Performance Index in International Trade [J]. Applied Economic, 2014 (24): 2982-2992.

[149] MARTIL R, GARCIA L. Logistics Performance and Export Competitiveness: European Experience [J]. Empirica, 2014 (3): 467-480.

[150] GANI A. The Logistics Performance Effect in International Trade [J]. Asian Journal of Shipping& Logistics, 2017, 33 (4): 279-288.

[151] COTO-MILLAN P, AGUEROS M, CASARES-HONTA P. Impact of Logistics Performance on World Economic Growth (2007-2012) [J]. World Review of Intermodal Transportation Research, 2013, 4 (4): 300-310.

[152] BALASSA B. The Theory of Economic Integration [M]. London: George Allen and Unwin LTD, 1965.

[153] 于津平. 中国与东亚主要国家和地区间的比较优势与贸易互补性 [J]. 世界经济, 2003 (5): 33-40, 80.

[154] GRUBEL H G, LLOYA J P. Intra-industry Trade: The Theory and Management of International Trade in Differentiated Products [M]. New York: Macmillan Press, 1975.

[155] 吴燕, 邓荣荣. 中国与东盟国家产业内贸易研究: 基于面板数据随机效应模型的分析 [J]. 国际经贸探索, 2012 (9): 15-24.

[156] ZAGHINI A. Evolution of Trade Pattern in the New EU Member States [J]. Economics of Transition, 2005, 13 (4): 629-658.

［157］吴贤彬，陈进，华迎. 基于 SRCA 和 Lafay 指数的"金砖五国"服务贸易结构竞争力分析 ［J］. 宏观经济研究，2012（2）：42-55.

［158］陆文聪，许为. 中国落入"比较优势陷阱"了吗？［J］. 数量经济技术经济研究，2015（5）：20-36.

［159］文东伟，冼国明. 垂直专业化与中国制造业贸易竞争力 ［J］. 中国工业经济，2009（6）：77-87.

［160］FINGER J, KREININ M E. A Measure of "Export Similarity" and its Possible Uses ［J］. The Economic Journal, 1979, 89（356）：905-912.

［161］GLICK R, ROSE A K. Contagion and Trade：Why are Currency Crisis Regional? ［R］. NBER Working Paper, 1989, No. 6806.

［162］PEARSON C S. The Asian Export Ladder ［A］. In Shu Chin Yang（ed）. Manufactured Exports of East Asia Industrializing Economies：Possible Regional Cooperation ［M］. New York：M. E. Sharpe, 1998.

［163］成蓉，程惠芳. 中印贸易关系：竞争或互补：基于商品贸易与服务贸易的全视角分析 ［J］. 国际贸易问题，2011（6）：85-94.

［164］胡玫，郑伟. 中国与"一带一路"国家贸易竞争性与互补性分析 ［J］. 经济问题，2019（2）：101-108.

［165］KOOPMAN R, WANG Z, WEI S J. How much of Chinese Export is Really Made in China? Assessing Domestic Value-Added When Processing Trade is Pervasive ［R］. NBER Working Paper, 2008, No. 14109.

［166］KOOPMAN R, WANG Z, WEI S J. Give Credit Where Credit is due：Tracing Value Added in Global Production Chains ［R］. NBER Working Paper, 2010, No. 16426.

［167］KOOPMAN R, WANG Z, WEI S J. Tracing Value-Added and Double Counting in Gross Exports ［R］. NBER Working Paper, 2012.

［168］KOOPMAN R, WANG Z, WEI S J. Estimating Domestic Content in Exports When Processing Trade is Pervasive ［J］. Journal of Development Economics, 2012（99）：178-189.

［169］HUMMELS D, ISHII J, YI K M. The Nature and Growth of Vertical Specialization in World Trade ［J］. Journal of International Economics, 2001, 54（1）：75-96.

［170］樊茂清，黄薇. 基于全球价值链分解的中国贸易产业结构演进

研究［J］.世界经济，2014（2）：50-70.

［171］王桂军，卢潇潇."一带一路"倡议与中国企业升级［J］.中国工业经济，2019（3）：43-61.

［172］李建军，李俊成."一带一路"倡议、企业信贷融资增进效应与异质性［J］.世界经济，2020（2）：3-24.

［173］王桂军，张辉."一带一路"与中国 OFDI 企业 TFP：对发达国家投资视角［J］.世界经济，2020（5）：49-72.

［174］申广军，陈斌开，杨汝岱.减税能否提振中国经济?：基于中国增值税改革的实证研究［J］.经济研究，2016（11）：70-82.

［175］李永友，严岑.服务业"营改增"能带动制造业升级吗?［J］.经济研究，2018（4）：18-31.

［176］陈勇，唐朱昌.中国工业的技术选择与技术进步：1985—2003［J］.经济研究，2006（9）：50-61.

［177］申广军，陈斌开，杨汝岱.减税能否提振中国经济?：基于中国增值税改革的实证研究［J］.经济研究，2016（11）：70-82.

［178］范子英，彭飞."营改增"的减税效应和分工效应：基于产业互联的视角［J］.经济研究，2017（2）：82-95.

［179］袁建国，胡晓生，唐庆.营改增对企业技术创新的激励效应［J］.税务研究，2018（3）：44-50.

［180］梁颖，卢潇潇.打造中国—东盟自由贸易区升级版旗舰项目 加快中国—中南半岛经济走廊建设［J］.广西民族研究，2017（5）：165-171.